U0142104

輕鬆看吧

土地稅法規

2022
最新版

陳坤涵 編著

書泉出版社 印行

　　本書自出版以來，由於讀者反應熱烈，已多次改版，可以看出讀者獲取土地稅法相關知識之殷切。本書自民國 107 年 7 月三版迄今，已增修不少土地稅相關法令，茲將增修部分列明如下：

一、土地稅法部分

　　中華民國 110 年 6 月 23 日總統華總一經字第 11000056481 號令修正公布第 28-2、30、30-1、31-1、32、34-1、39、39-1、40～43、51、53、55-1、58 條條文；並刪除第 44 條條文。

二、土地稅法施行細則部分

　　中華民國 110 年 9 月 23 日財政部台財稅字第 11004633710 號令修正發布第 3、6、8、9、11、12、14、17、19、20、43～45、51、55、56、61 條條文；增訂第 55-1 條條文；刪除第 52 條條文。

三、平均地權條例部分

　　1. 中華民國 110 年 1 月 27 日總統華總一義字第 11000006071 號令修正公布第 47、81-2、87 條條文；增訂第 47-3 條條文；施行日期，由行政院定之。

　　中華民國 110 年 5 月 21 日行政院院臺建字第 1100015199 號令發布定自 110 年 7 月 1 日施行。

　　2. 中華民國 108 年 7 月 31 日總統華總一義字第

10800075461 號令修正公布第 47、81-2、87 條條文；施行日期，由行政院定之。

中華民國 109 年 5 月 21 日行政院院臺建字第 1090015126 號令發布定自 109 年 7 月 1 日施行。

3. 中華民國 107 年 12 月 5 日總統華總一義字第 10700131021 號令修正公布第 51 條條文。

四、遺產及贈與稅法部分

中華民國 110 年 1 月 20 日總統華總一經字第 11000003471 號令修正公布第 17 條條文。

五、遺產及贈與稅施行細則部分

中華民國 110 年 4 月 26 日財政部台財稅字第 11004547040 號令修正發布第 7、10-1、10-3、11-1、17、29 條條文；增訂第 21-1、21-2、28-1 條條文。

六、稅捐稽徵法部分

1. 中華民國 110 年 12 月 17 日總統華總一經字第 11000112901 號令修正公布第 6、19、20～24、28、30、34、35、39、41、43、44、47、48-1、48-2、49、50-5、51 條條文；增訂第 26-1、49-1 條條文；刪除第 12-1、50-1、50-3、50-4 條條文；並自公布日施行，但第 20 條條文施行日期由行政院定之。

中華民國 110 年 12 月 23 日行政院院臺財字第 1100040703 號令發布第 20 條條文定自 111 年 1 月 1 日施行。

2. 中華民國 109 年 5 月 13 日總統華總一經字第 10900049831 號令修正公布第 11-1 條條文。

3. 中華民國 107 年 12 月 5 日總統華總一經字第 10700131331 號令修正公布第 2、20、24、27、40、45、48 條條文。

4. 中華民國 107 年 11 月 21 日總統華總一經字第 10700125301 號令修正公布第 11-2 條條文；並刪除第 11-3～11-7 條條文及第一章之一章名。

七、工程受益費徵收條例施行細則部分

中華民國 106 年 4 月 19 日內政部台內營字第 1060800054 號令、財政部台財稅字第 10604526250 號令、經濟部經工字第 10602602730 號令、交通部交路字第 10600064281 號令會銜修正發布第 81 條條文。

本次再版乃配合以上法規的變動而加以增修，以因應讀者之需要。本書能順利再版，要感謝事務所全體同仁在百忙中仍協助搜尋土地稅有關法令，特此致謝。筆者學識淺薄，改版內容如有遺漏或缺失之處，尚祈各界惠予斧正，萬分感謝。

陳坤涵

民國 111 年 3 月 15 日

　　本書將繁瑣又細碎的稅法法條，加以有系統的整理，讓讀者用最短的時間，快速掌握稅法的各項重點，並能融會貫通稅法有關之規定，不僅適用於生活、工作之中，對於想要衝刺初等考試、高普特考、記帳士、地政士、不動產經紀人或會計師考試者，本書另蒐集各稅歷屆國家考試之考古題，讓您更能輕鬆取得高分。

　　本書內容重點說明如下：

一、最新稅法資訊

　　本書各章均依最新公布之稅法精編，凡於民國 101 年 6 月中旬以前已制定或修正公布之土地稅法規均已納入，包括最近修正之稅捐稽徵法及特種貨物及勞務稅（奢侈稅）條例及其施行細則等。

二、深入淺出

　　在各稅內容陳述上盡可能以「深入淺出」為寫作方式，著重觀念之釐清，期能使不同背景的讀者都能充分了解稅法之相關規定，進而將稅務法規實際運用於生活或工作之中。

三、段落分明

　　本書各章之主題闡述段落分明，架構之安排層次有序，讓讀

者輕輕鬆鬆掌握各稅內容及其重點。

四、參考題目完整

　　考古題的練習一向是考生培養臨場作答實力的最佳方式，本書蒐錄並整理自民國 80 年自 101 年間有關土地稅法規各稅國家考試之選擇及申論題，讓應考者達到事半功倍，金榜題名之目的。

　　在此感謝本所同仁戮力協助蒐集資料並協助校閱本書內容，使本書得以順利付梓，特此致謝。本書完成，不外野人獻曝，舖陳區區之心得，惟筆者才疏學淺，疏漏之處難免，尚盼各界先進不吝賜教，無任感激。

陳坤涵

民國 101 年 6 月 10 日

目錄

第一章

地價稅

地價稅之意義

一、地價稅係針對每一土地所有權人，在同一直轄市或縣（市）內，已規定地價但未徵收田賦之申報地價總額，每年徵收的稅捐。

二、地價稅學理上可視爲收益稅、財產稅、固定稅或地方稅。

地價稅之課稅範圍

一、已規定地價之土地，除依第 22 條規定課徵田賦者外，應課徵地價稅。（土稅 14）

二、課徵田賦的範圍：（土稅 22）

1. 非都市土地依法編定之農業用地或未規定地價者，徵收田賦。但都市土地合於下列規定者亦同：

　⑴依都市計畫編爲農業區及保護區，限作農業用地使用者。

　⑵公共設施尚未完竣前，仍作農業用地使用者。

　⑶依法限制建築，仍作農業用地使用者。

　⑷依法不能建築，仍作農業用地使用者。

　⑸依都市計畫編爲公共設施保留地，仍作農業用地使用者。

2. 前項第⑵款及第⑶款，以自耕農地及依耕地三七五減租條例出租之耕地爲限。

3. 農民團體與合作農場所有直接供農業使用之倉庫、冷凍（藏）庫、農機中心、蠶種製造（繁殖）場、集貨場、檢驗場、水稻育苗用地、儲水池、農用溫室、農產品批發市場等用地，仍徵收田賦。

4. 公有土地供公共使用及都市計畫公共設施保留地在保留期間未作任何使用並與使用中之土地隔離者，免徵田賦。

附　註

1. 我國對土地課稅採地價稅及田賦雙軌制。農地課徵田賦，農地以外土地課徵地價稅。

2. 田賦自民國 76 年起停徵。

3. 土地稅法施行細則相關規定如下：

第 21 條

　　本法第二十二條第一項所稱非都市土地依法編定之農業用地，指依區域計畫法編定之農牧用地、林業用地、養殖用地、鹽業用地、水利用地、生態保護用地、國土保安用地及國家公園區內由國家公園管理機關會同有關機關認定合於上述規定之土地。

第 22 條

　　非都市土地編為前條以外之其他用地合於下列規定者，仍徵收田賦：

　　一、於中華民國七十五年六月二十九日平均地權條例修正公布施行前，經核准徵收田賦仍作農業用地使用。

二、合於非都市土地使用管制規定作農業用地使用。

第 23 條

本法第二十二條第一項第二款所稱公共設施尚未完竣前，指道路、自來水、排水系統、電力等四項設施尚未建設完竣而言。

前項道路以計畫道路能通行貨車為準；自來水及電力以可自計畫道路接通輸送者為準；排水系統以能排水為準。

公共設施完竣之範圍，應以道路兩旁鄰接街廓之一半深度為準。但道路同側街廓之深度有顯著差異者或毗鄰地形特殊者，得視實際情形由直轄市或縣（市）政府劃定之。

第 25 條

本法第二十二條第一項但書所定都市土地農業區、保護區、公共設施尚未完竣地區、依法限制建築地區、依法不能建築地區及公共設施保留地等之地區範圍，如有變動，直轄市或縣（市）主管機關應於每年二月底前，確定變動地區範圍。

直轄市或縣（市）主管機關對前項變動地區內應行改課地價稅之土地，應於每年五月底前列冊送主管稽徵機關。

第 26 條

依本法第二十二條規定課徵田賦之土地，主管稽徵機關應依相關主管機關編送之土地清冊分別建立土地卡（或賦籍卡）及賦籍冊按段歸戶課徵。

土地權利、土地標示或所有權人住址有異動時，地政機關應於登記同時更正地價冊，並於十日內通知主管稽徵機關

整正土地卡（或賦籍卡）及賦籍冊。

　　公有土地管理機關應於每期田賦開徵四十日前，提供有關資料，並派員前往主管稽徵機關核對冊籍。

地價稅之納稅義務人

一、地價稅或田賦之納稅義務人如下（土稅3）

1. 土地所有權人。

2. 設有典權土地，為典權人。

3. 承領土地，為承領人。

4. 承墾土地，為耕作權人。

5. 第1款土地所有權屬於公有或公同共有者，以管理機關或管理人為納稅義務人；其為分別共有者，地價稅以共有人各按其應有部分為納稅義務人；田賦以共有人所推舉之代表人為納稅義務人，未推舉代表人者，以共有人各按其應有部分為納稅義務人。

二、代繳義務人（代繳或抵付求償）（土稅4）

1. 土地有下列情形之一者，主管稽徵機關得指定土地使用人負責代繳其使用部分之地價稅或田賦：

   (1)納稅義務人行蹤不明者。

   (2)權屬不明者。

   (3)無人管理者。

⑷土地所有權人申請由占有人代繳者。

2. 土地所有權人在同一直轄市、縣（市）內有兩筆以上土地，為不同之使用人所使用時，如土地所有權人之地價稅係按累進稅率計算，各土地使用人應就所使用土地之地價比例，負代繳地價稅之義務。

3. 第 1 項第⑴款至第⑶款代繳義務人代繳之地價稅或田賦，得抵付使用期間應付之地租或向納稅義務人求償。

三、信託土地（土稅 3-1）

1. 土地為信託財產者，於信託關係存續中，以受託人為地價稅或田賦之納稅義務人。

2. 前項土地應與委託人在同一直轄市或縣（市）轄區內所有之土地合併計算地價總額，依第 16 條規定稅率課徵地價稅，分別就各該土地地價占地價總額之比例，計算其應納之地價稅。但信託利益之受益人為非委託人且符合下列各款規定者，前項土地應與受益人在同一直轄市或縣（市）轄區內所有之土地合併計算地價總額：

⑴受益人已確定並享有全部信託利益者。

⑵委託人未保留變更受益人之權利者。

同一縣（市）之申報地價總額計徵（地價稅之稅基）

一、地價稅按每一土地所有權人在每一直轄市或縣（市）轄區內之地價總額計徵之。（土稅 15 Ⅰ）

二、前項所稱地價總額，指每一土地所有權人依法定程序辦理規
　　定地價或重新規定地價，經核列歸戶冊之地價總額。（土稅
　　15 Ⅱ）

三、信託土地應與委託人在同一直轄市或縣（市）轄區內所有之
　　土地合併計算地價總額，依第 16 條規定稅率課徵地價稅，
　　分別就各該土地地價占地價總額之比例，計算其應納之地價
　　稅。但信託利益之受益人為非委託人且符合下列各款規定
　　者，信託土地應與受益人在同一直轄市或縣（市）轄區內所
　　有之土地合併計算地價總額：
　　1. 受益人已確定並享有全部信託利益者。
　　2. 委託人未保留變更受益人之權利者。（土稅 3-1 Ⅱ）

累進起點地價之計算

一、地價稅採累進稅率課徵。

二、地價開始累進課徵之「點」，稱之為「累進起點地價」。

三、所稱累進起點地價，以各該直轄市及縣（市）土地 7 公畝之
　　平均地價為準。但不包括工業用地、礦業用地、農業用地及
　　免稅土地在內。（土稅 16）

四、如所有權人在直轄市或縣（市）所有土地之地價總額小於累
　　進起點地價，則採用基本稅率課徵地價稅；若地價總額高於
　　累進起點地價，則適用累進稅率課徵地價稅。

五、計算公式：（土稅細 6）

1. 本法第 16 條第 2 項規定之累進起點地價，其計算公式如
   附件二。

2. 前項累進起點地價，應於舉辦規定地價或重新規定地價
   後當年地價稅開徵前計算完竣，並分別報請財政部及內
   政部備查。

3. 累進起點地價以千元為單位，以下四捨五入。

附件二　地價稅累進起點地價之計算公式

> 　地價稅累進起點地價＝〔直轄市或縣（市）規定地價總
> 額－（工業用地地價＋礦業用地地價＋農業用地地價＋免稅地
> 地價）〕÷｛直轄市或縣（市）規定地價總面積（公畝）－〔工
> 業用地面積＋礦業用地面積＋農業用地面積＋免稅地面積（公
> 畝）〕｝×7

附註

　累進起點地價每個縣市都不同，愈商業化的都市累進起
點地價愈高，愈鄉下的城市累進起點地價愈低。

地價稅之稅率（土稅 16）

一、基本稅率

地價稅基本稅率為 10‰。土地所有權人之地價總額未超過土地所在地直轄市或縣（市）累進起點地價者，其地價稅按基本稅率徵收。

二、累進稅率

土地所有權人之地價總額超過土地所在地直轄市或縣（市）累進起點地價者，依下列規定累進課徵：

1. 超過累進起點地價未達 5 倍者，就其超過部分課徵 15‰。
2. 超過累進起點地價 5 倍至 10 倍者，就其超過部分課徵 25‰。
3. 超過累進起點地價 10 倍至 15 倍者，就其超過部分課徵 35‰。
4. 超過累進起點地價 15 倍至 20 倍者，就其超過部分課徵 45‰。
5. 超過累進起點地價 20 倍以上者，就其超過部分課徵 55‰。

附 註

1. 地價稅的稅率共分為 10‰、15‰、25‰、35‰、45‰、55‰ 等六個級距課徵。
2. 土地所有權人如有依本法第 16 條規定應予累進課徵地價稅之土地及本法第 17 條（自用住宅用地）、第 18 條（事業直接使用之土地）或第 19 條（都市計畫公共設施保留地）規定免予累進課徵地價稅之土地，主管稽徵機關應分別計算其應納稅額後，合併課徵。（土稅細 7）
3. 依本法第 16 條第 1 項規定計算地價稅時，其公式如附件一。（土稅細 5）

附件一　地價稅之計算公式（土地稅法施行細則第 5 條附件）

稅級別	計算公式
第一級	應徵稅額＝課稅地價（未超過累進起點地價者）× 稅率（10‰）
第二級	應徵稅額＝課稅地價（超過累進起點地價未達五倍者）× 稅率（15‰）－累進差額（累進起點地價 ×0.005）
第三級	應徵稅額＝課稅地價（超過累進起點地價五倍至十倍者）× 稅率（25‰）－累進差額（累進起點地價 ×0.065）
第四級	應徵稅額＝課稅地價（超過累進起點地價十倍至十五倍者）× 稅率（35‰）－累進差額（累進起點地價 ×0.175）
第五級	應徵稅額＝課稅地價（超過累進起點地價十五倍至二十倍者）× 稅率（45‰）－累進差額（累進起點地價 ×0.335）
第六級	應徵稅額＝課稅地價（超過累進起點地價二十倍以上者）× 稅率（55‰）－累進差額（累進起點地價 ×0.545）

志明有一筆土地位於新北市，土地面積 700 平方公尺，地價總額 1,200,000 元，新北市 7 公畝之平均地價為 800,000 元，則該筆土地應納地價稅額為多少？

解析

　　依土地稅法規定，直轄市或縣（市）土地 7 公畝之平均地價為累進起點地價，故本題中的累進起點地價為 800,000 元（1 公畝 = 100 平方公尺）。

一、課稅地價超過累進起點地價倍數

　　＝課稅地價 ÷ 累進起點地價

　　＝ 1,200,000 元 ÷ 800,000 元

　　＝ 1.5 倍

　　超過累進起點地價但未達 5 倍，故採第二級稅率。

二、應納地價稅

　　1. 傳統計算法：

　　　應納地價稅＝課稅地價 × 稅率

　　　＝ 800,000 元 × 10‰（未超過累進起點地價稅率 10‰）

　　　　＋ 400,000 元 × 15‰（超過累進起點地價，但未達 5 倍稅率 15‰）

　　　＝ 8,000 元＋ 6,000 元

　　　＝ 14,000 元

2. 速算法：

應納地價稅

＝課稅地價（超過累進起點地價未達 5 倍）× 稅率
（15‰）－累進差額（累進起點地價 ×5‰）

＝ 1,200,000 元 ×15‰ －（800,000 元 ×5‰）

＝ 14,000 元　　　　　　　　　　　　　　　• • •

自用住宅用地

一、意義

1. 本法所稱自用住宅用地，指土地所有權人或其配偶、直系親屬於該地辦竣戶籍登記，且無出租或供營業用之住宅用地。（土稅 9）

2. 本法第 9 條之自用住宅用地，以其土地上之建築改良物屬土地所有權人或其配偶、直系親屬所有者爲限。（土稅細 4）

二、內容

1. 合於下列規定之自用住宅用地，其地價稅按 2‰ 計徵：（土稅 17）

　⑴都市土地面積未超過 3 公畝部分。

　⑵非都市土地面積未超過 7 公畝部分。

2. 土地所有權人與其配偶及未成年之受扶養親屬，適用第 1 項自用住宅用地稅率繳納地價稅者，以一處爲限。

三、適用條件

自用住宅用地地價稅優惠稅率之適用條件如下：

1. 須辦竣戶籍登記（設立戶籍）

自用住宅用地須土地所有權人或其配偶、直系親屬於該地辦竣戶籍登記。（土稅9）

2. 須為自用

自用住宅用地須無出租或供營業用。（土稅9）

3. 產權限制

自用住宅用地，以其土地上之建築改良物屬土地所有權人或其配偶、直系親屬所有者為限。（土稅細4）

4. 處數限制

土地所有權人與其配偶及未成年之受扶養親屬，適用第1項自用住宅用地稅率繳納地價稅者，以一處為限。（土稅17）

附 註

土地稅法施行細則第8條

土地所有權人在本法施行區域內申請超過一處之自用住宅用地時，依本法第十七條第三項認定一處適用自用住宅用地稅率，以土地所有權人擇定之戶籍所在地為準；土地所有權人未擇定者，以申請當年之自用住宅用地地價稅額最高者為準；其稅額相同者，依土地所有權人、配偶、未成年受扶養親屬戶籍所在地之順序適用。

土地所有權人與其配偶或未成年之受扶養親屬分別以所有土地申請自用住宅用地者，應以共同擇定之戶籍所在地為準；未擇定者，以土地所有權人與其配偶、未成年之受扶養親屬申請當年之自用住宅用地地價稅額最高者為準。

第一項後段未成年受扶養親屬戶籍所在地之適用順序，依長幼次序定之。

5. 面積限制

都市土地面積未超過 3 公畝部分。非都市土地面積未超過 7 公畝部分。（土稅 17）

附註

土地稅法施行細則第 9 條

土地所有權人在本法施行區域內申請之自用住宅用地面積超過本法第十七條第一項規定時，應依土地所有權人擇定之適用順序計算至該規定之面積限制為止；土地所有權人未擇定者，以申請當年之自用住宅用地地價稅額由高至低之適用順序計算之；其稅額相同者，適用順序如下：

一、土地所有權人與其配偶及未成年之受扶養親屬之戶籍所在地。

二、直系血親尊親屬之戶籍所在地。

三、直系血親卑親屬之戶籍所在地。

四、直系姻親之戶籍所在地。

前項第二款至第四款之適用順序，依長幼次序定之。

志明在高雄市有一筆自用住宅用地，面積 500 平方公尺，申報地價 30,000 元／平方公尺，如志明申請按自用住宅用地稅率課徵地價稅，其應納地價稅為多少（如高雄市累進起點地價假設為新臺幣 5,000,000 元）？

解析

因適用自用住宅用地稅率課徵地價稅，在都市土地以 $300m^2$ 為限，超過部分則依一般稅率計徵，而本筆自用住宅用地面積 $500m^2$，已超過標準，故僅 $300m^2$ 得適用 2‰ 稅率，其餘 $200m^2$ 應依一般稅率計算：

一、按自用住宅用地稅率課徵地價稅（$300m^2$）

　　應納地價稅

　　＝課稅地價 × 稅率

　　＝ 30,000 元 ×$300m^2$×2‰

　　＝ 18,000 元。

二、按一般稅率計徵之地價稅（$200m^2$）

　　1. 課稅地價超過累進起點地價倍數：

　　　　＝課稅地價 ÷ 累進起點地價

　　　　＝（30,000 元 ×$200m^2$）÷5,000,000 元

　　　　＝ 1.2 倍＜ 5 倍

2. 應納地價稅：

　(1)傳統計算法：

　　應納地價稅＝課稅地價 × 稅率

　　＝ 5,000,000 元 ×10‰（未超過累進起點地價稅率 10‰）＋ 1,000,000 元 ×15‰（超過累進起點地價，但未達 5 倍稅率 15‰）

　　＝ 50,000 元＋ 15,000 元

　　＝ 65,000 元

　(2)速算法：

　　應納地價稅

　　＝課稅地價（超過累進起點地價未達 5 倍）× 稅率（15‰）－累進差額（累進起點地價 ×5‰）

　　＝ 6,000,000 元 ×15‰－5,000,000 元 ×5‰

　　＝ 90,000 元－25,000 元

　　＝ 65,000 元

三、全部應繳地價稅

　＝ 18,000 元＋ 65,000 元

　＝ 83,000 元 ●●●

申辦自用住宅用地地價稅優惠稅率之規定

一、土地所有權人申請適用本法第 17 條第 1 項自用住宅用地特別稅率計徵地價稅時，應填具申請書並檢附建築改良物證明

文件，向主管稽徵機關申請核定之。（土稅細11）

二、依第17條及第18條規定，得適用特別稅率之用地，土地所有權人應於每年地價稅開徵40日前提出申請，逾期申請者，自申請之次年開始適用。前已核定而用途未變更者，以後免再申請。（土稅41 Ⅰ）

三、適用特別稅率之原因、事實消滅時，應即向主管稽徵機關申報。（土稅41 Ⅱ）

地價稅之其他優惠稅率

地價稅的優惠稅率除自用住宅用地外，尚有下列用地：

一、國民住宅或勞工宿舍

　　1.國民住宅及企業或公營事業興建之勞工宿舍，自動工興建或取得土地所有權之日起，其用地之地價稅，適用2‰稅率計徵。（土稅17）

　　2.本法第17條第2項所稱國民住宅，指依國民住宅條例規定，依下列方式興建之住宅：(1)政府直接興建；(2)貸款人民自建；(3)獎勵投資興建。（土稅細10 Ⅰ）

　　3.本法第17條第2項所稱企業或公營事業興建之勞工宿舍，指興建之目的專供勞工居住之用。（土稅細10 Ⅱ）

　　4.申請：

　　　土地所有權人申請適用本法第17條第2項特別稅率計徵地價稅者，應填具申請書，並依下列規定，向主管稽徵

　　機關申請核定之：（土稅細 12 Ⅰ）

　　⑴國民住宅用地：

　　　其屬政府直接興建者，檢附建造執照影本或取得土地
所有權證明文件。其屬貸款人民自建或獎勵投資興建
者，檢附建造執照影本及國民住宅主管機關核准之證
明文件。

　　⑵企業或公營事業興建之勞工宿舍用地：

　　　檢附建造執照或使用執照影本及勞工行政主管機關之
證明文件。

5. 前項第⑴款貸款人民自建之國民住宅及第⑵款企業或
公營事業興建之勞工宿舍，自建築完成之日起未供自用
住宅或勞工宿舍使用者，應由土地所有權人向主管稽徵
機關申報改按一般用地稅率計徵。第⑴款貸款人民自建
或獎勵投資興建之國民住宅及第⑵款企業或公營事業興
建之勞工宿舍，經核准按自用住宅用地稅率課徵地價稅
後，未依建築主管機關核准期限建築完成者，應自核准
期限屆滿日當年改按一般用地稅率計徵地價稅。（土稅
細 12 Ⅱ、Ⅲ）

二、事業用地

1. 供下列事業直接使用之土地，按 10‰ 計徵地價稅。但未
按目的事業主管機關核定規劃使用者，不適用之：（土稅
18 Ⅰ）

⑴工業用地、礦業用地。

⑵私立公園、動物園、體育場所用地。

⑶寺廟、教堂用地、政府指定之名勝古蹟用地。

⑷經主管機關核准設置之加油站及依都市計畫法規定設置之供公眾使用之停車場用地。

⑸其他經行政院核定之土地。

2. 在依法劃定之工業區或工業用地公告前，已在非工業區或工業用地設立之工廠，經政府核准有案者，其直接供工廠使用之土地，準用前項規定。（土稅 18 II）

3. 依本法第 18 條第 1 項特別稅率計徵地價稅之土地，指下列各款土地經按目的事業主管機關核定規劃使用者。（土稅細 13）

⑴工業用地：為依區域計畫法或都市計畫法劃定之工業區或依其他法律規定之工業用地，及工業主管機關核准工業或工廠使用範圍內之土地。

⑵礦業用地：為經目的事業主管機關核准開採礦業實際使用地面之土地。

⑶私立公園、動物園、體育場所用地：為經目的事業主管機關核准設立之私立公園、動物園及體育場所使用範圍內之土地。

⑷寺廟、教堂用地、政府指定之名勝古蹟用地：為已辦妥財團法人或寺廟登記之寺廟、專供公開傳教佈道之教堂及政府指定之名勝古蹟使用之土地。

⑸經主管機關核准設置之加油站及依都市計畫法規定設置之供公眾使用之停車場用地：爲經目的事業主管機關核准設立之加油站用地，及依都市計畫法劃設並經目的事業主管機關核准供公眾停車使用之停車場用地。

⑹其他經行政院核定之土地：爲經專案報行政院核准之土地。

4. 土地所有權人，申請適用本法第 18 條特別稅率計徵地價稅者，應填具申請書，並依下列規定，向主管稽徵機關申請核定之：（土稅細 14 Ⅰ）

⑴工業用地：應檢附建造執照及興辦工業人證明文件；建廠前依法應取得設立許可者，應加附工廠設立許可文件。其已開工生產者，應檢附工廠登記證明文件。

⑵其他按特別稅率計徵地價稅之土地：應檢附目的事業主管機關核准或行政院專案核准之有關文件及使用計畫書圖或組織設立章程或建築改良物證明文件。

5. 核定按本法第 18 條特別稅率計徵地價稅之土地，有下列情形之一者，應由土地所有權人申報改按一般用地稅率計徵地價稅：（土稅細 14 Ⅱ）

⑴逾目的事業主管機關核定之期限尚未按核准計畫完成使用。

⑵停工或停止使用逾 1 年。

6. 前項第 ⑵ 款停工或停止使用逾 1 年之土地，如屬工業用地，其在工廠登記未被工業主管機關撤銷或廢止，且

未變更供其他使用前，仍繼續按特別稅率計徵地價稅。
（土稅細 14 III）

三、公共設施保留地

1. 都市計畫公共設施保留地，在保留期間仍為建築使用者，除自用住宅用地依第 17 條之規定以 2‰ 計徵外，統按 6‰ 計徵地價稅；其未作任何使用並與使用中之土地隔離者，免徵地價稅。（土稅 19）

2. 公共設施保留地課徵地價稅的情形如下：
   (1)未作任何使用並與使用中之土地隔離者，免徵地價稅。
   (2)作農業使用須課徵田賦。
   (3)作自用住宅用地課徵 2‰ 地價稅
   (4)其餘統按 6‰ 計徵地價稅

四、公有土地

1. 公有土地按基本稅率徵收地價稅。但公有土地供公共使用者，免徵地價稅。（土稅 20）

2. 公有土地課徵地價稅的情形如下：
   (1)供公共使用者免徵地價稅。
   (2)非供公共使用者課徵 10‰ 地價稅。

3. 依本法第 20 條課徵地價稅之公有土地應由管理機關於每年地價稅開徵 40 日前，提供有關資料與主管稽徵機關核對稅籍資料。（土稅細 17）

地價稅減免之法源──土地稅減免規則

　　為發展經濟，促進土地利用，增進社會福利，對於國防、政府機關、公共設施、騎樓走廊、研究機構、教育、交通、水利、給水、鹽業、宗教、醫療、衛生、公私墓、慈善或公益事業及合理之自用住宅等所使用之土地，及重劃、墾荒、改良土地者，得予適當之減免；其減免標準及程序，由行政院定之。（土稅6）

附 註

其他法律之減免規定

平均地權條例第 25 條

　　供國防、政府機關、公共設施、騎樓走廊、研究機構、教育、交通、水利、給水、鹽業、宗教、醫療、衛生、公私墓、慈善或公益事業等所使用之土地，及重劃、墾荒、改良土地者，其地價稅或田賦得予適當之減免；減免標準與程序，由行政院定之。

國軍老舊眷村改建條例第 25 條

　　由主管機關配售之住宅，免徵不動產買賣契稅。

　　前項配售住宅建築完工後，在產權未完成移轉登記前，免徵房屋稅及地價稅。

新市鎮開發條例第 10 條

　　主管機關取得新市鎮特定區內之土地，於未依第八條第一項規定處理前免徵地價稅。但未依新市鎮特定區計畫書規

定之實施進度處理者，於規定期間屆滿之次日起，依法課徵地價稅。

新市鎮開發條例第 25 條

新市鎮特定區內之建築物於興建完成後，其房屋稅、地價稅及買賣契稅，第一年免徵，第二年減徵百分之八十，第三年減徵百分之六十，第四年減徵百分之四十，第五年減徵百分之二十，第六年起不予減免。

前項減免買賣契稅以一次為限。

都市更新條例第 67 條

更新單元內之土地及建築物，依下列規定減免稅捐：

一、更新期間土地無法使用者，免徵地價稅；其仍可繼續使用者，減半徵收。但未依計畫進度完成更新且可歸責於土地所有權人之情形者，依法課徵之。

二、更新後地價稅及房屋稅減半徵收二年。

三、重建區段範圍內更新前合法建築物所有權人取得更新後建築物，於前款房屋稅減半徵收二年期間內未移轉，且經直轄市、縣（市）主管機關視地區發展趨勢及財政狀況同意者，得延長其房屋稅減半徵收期間至喪失所有權止，但以十年為限。本條例中華民國一百零七年十二月二十八日修正之條文施行前，前款房屋稅減半徵收二年期間已屆滿者，不適用之。

四、依權利變換取得之土地及建築物，於更新後第一次移轉時，減徵土地增值稅及契稅百分之四十。

五、不願參加權利變換而領取現金補償者，減徵土地增值稅百分之四十。

六、實施權利變換應分配之土地未達最小分配面積單元，而改領現金者，免徵土地增值稅。

七、實施權利變換，以土地及建築物抵付權利變換負擔者，免徵土地增值稅及契稅。

八、原所有權人與實施者間因協議合建辦理產權移轉時，經直轄市、縣（市）主管機關視地區發展趨勢及財政狀況同意者，得減徵土地增值稅及契稅百分之四十。

前項第三款及第八款實施年限，自本條例中華民國一百零七年十二月二十八日修正之條文施行之日起算五年；其年限屆期前半年，行政院得視情況延長之，並以一次爲限。

都市更新事業計畫於前項實施期限屆滿之日前已報核或已核定尚未完成更新，於都市更新事業計畫核定之日起二年內或於權利變換計畫核定之日起一年內申請建造執照，且依建築期限完工者，其更新單元內之土地及建築物，準用第一項第三款及第八款規定。

都市更新條例第 68 條

以更新地區內之土地爲信託財產，訂定以委託人爲受益人之信託契約者，不課徵贈與稅。

前項信託土地，因信託關係而於委託人與受託人間移轉所有權者，不課徵土地增值稅。

都市更新條例第 69 條

以更新地區內之土地爲信託財產者，於信託關係存續

中，以受託人爲地價稅或田賦之納稅義務人。

前項土地應與委託人在同一直轄市或縣（市）轄區內所有之土地合併計算地價總額，依土地稅法第十六條規定稅率課徵地價稅，分別就各該土地地價占地價總額之比率，計算其應納之地價稅。但信託利益之受益人爲非委託人且符合下列各款規定者，前項土地應與受益人在同一直轄市或縣（市）轄區內所有之土地合併計算地價總額：

一、受益人已確定並享有全部信託利益。

二、委託人未保留變更受益人之權利。

促進民間參與公共建設法第 39 條

參與重大公共建設之民間機構在興建或營運期間，供其直接使用之不動產應課徵之地價稅、房屋稅及取得時應課徵之契稅，得予適當減免。

前項減免之期限、範圍、標準、程序及補繳，由直轄市及縣（市）政府擬訂，提請各該議會通過後，報主管機關備查。

獎勵民間參與交通建設條例第 31 條

本條例所獎勵之民間機構在興建或營運期間，供其直接使用之不動產應課徵之地價稅、房屋稅及取得時應課徵之契稅，得予適當減免。

前項減免之標準，由財政部會商交通部擬訂，報請行政院核定之。

空地稅

一、本法所稱空地，指已完成道路、排水及電力設施，於有自來
水地區並已完成自來水系統，而仍未依法建築使用；或雖建
築使用，而其建築改良物價值不及所占基地申報地價10%，
且經直轄市或縣（市）政府認定應予增建、改建或重建之私
有及公有非公用建築用地。（土稅11）

二、凡經直轄市或縣（市）政府核定應徵空地稅之土地，按該宗
土地應納地價稅基本稅額加徵 2 至 5 倍之空地稅。（土稅
21）

三、依本法第21條規定加徵空地稅之倍數，由直轄市或縣（市）
主管機關視都市發展情形擬訂，報行政院核定。（土稅細
18）

地價稅之稽徵作業程序

一、規定地價

1. 本條例施行區域內，未規定地價之土地，應即全面舉辦
規定地價。但偏遠地區及未登記之土地，得由直轄市或
縣（市）主管機關劃定範圍，報經中央主管機關核定後，
分期辦理。（平13）

2. 規定地價後，每 2 年重新規定地價一次。但必要時得延長
之。重新規定地價者，亦同。（平14）

3. 直轄市或縣（市）主管機關辦理規定地價或重新規定地價

之程序如下：（平 15）

⑴分區調查最近 1 年之土地買賣價格或收益價格。

⑵依據調查結果，劃分地價區段並估計區段地價後，提交地價評議委員會評議。

⑶計算宗地單位地價。

⑷公告及申報地價，其期限為 30 日。

⑸編造地價冊及總歸戶冊。

二、申報地價（平 16）

1. 舉辦規定地價或重新規定地價時，土地所有權人未於公告期間申報地價者，以公告地價 80% 為其申報地價。

2. 土地所有權人於公告期間申報地價者，其申報之地價超過公告地價 120% 時，以公告地價 120% 為其申報地價。

3. 申報之地價未滿公告地價 80% 時，得照價收買或以公告地價 80% 為其申報地價。

三、編送地價歸戶冊

1. 開徵及繳納

地價稅以每年 8 月 31 日為納稅義務基準日，由直轄市或縣（市）主管稽徵機關按照地政機關編送之地價歸戶冊及地籍異動通知資料核定，於 11 月 1 日起 1 個月內一次徵收當年地價稅。（土稅 40）

2. 納稅義務基準日

各年地價稅以本法第 40 條規定納稅義務基準日土地登記

簿所載之所有權人或典權人爲納稅義務人。（土稅細20）

四、申請適用特別稅率

1. 依第 17 條及第 18 條規定，得適用特別稅率之用地，土地所有權人應於每年地價稅開徵 40 日前提出申請，逾期申請者，自申請之次年開始適用。前已核定而用途未變更者，以後免再申請。適用特別稅率之原因、事實消滅時，應即向主管稽徵機關申報。（土稅 41）

2. 主管稽徵機關應於每年地價稅開徵 60 日前，將第 17 條及第 18 條適用特別稅率課徵地價稅之有關規定及其申請手續公告週知。（土稅 42）

五、填發稅單

主管稽徵機關於查定納稅義務人每年應納地價稅額後，應填發地價稅稅單，分送納稅義務人或代繳義務人，並將繳納期限、罰則、繳納方式、稅額計算方法等公告週知。（土稅 43）

六、欠稅未繳及代扣稅款之處理

1. 欠繳土地稅之土地，在欠稅未繳清前，不得辦理移轉登記或設定典權。（土稅 51 Ⅰ）

2. 前項所欠稅款，土地承受人得申請代繳或在買價、典價內照數扣留完納；其屬代繳者，得向納稅義務人求償。（土稅 51 Ⅲ）

3. 經徵收或收買之土地，該管直轄市、縣（市）地政機關

或收買機關，應檢附土地清冊及補償清冊，通知主管稽徵機關，核算土地增值稅及應納未納之地價稅或田賦，稽徵機關應於收到通知後 15 日內，造具代扣稅款證明冊，送由徵收或收買機關，於發放價款或補償費時代為扣繳。（土稅 52）

地價稅之罰責

一、逾期未繳納稅款

納稅義務人或代繳義務人未於稅單所載限繳日期內繳清應納稅款者，應加徵滯納金。經核准以票據繳納稅款者，以票據兌現日為繳納日。（土稅 53 Ⅰ）

二、短匿稅額（土稅 54）

1. 納稅義務人藉變更、隱匿地目等則或於適用特別稅率、減免地價稅或田賦之原因、事實消滅時，未向主管稽徵機關申報者，依下列規定辦理：
   (1)逃稅或減輕稅賦者，除追補應納部分外，處短匿稅額或賦額 3 倍以下之罰鍰。
   (2)規避繳納實物者，除追補應納部分外，處應繳田賦實物額 1 倍之罰鍰。
2. 土地買賣未辦竣權利移轉登記，再行出售者，處再行出售移轉現值 2% 之罰鍰。
3. 第 1 項應追補之稅額或賦額、隨賦徵購實物及罰鍰，納稅

義務人應於通知繳納之日起 1 個月內繳納之；屆期不繳納者，移送強制執行。

欠繳土地稅不得移轉或設定典權

一、不得移轉或設定典權

欠繳土地稅之土地，在欠稅未繳清前，不得辦理移轉登記或設定典權。（土稅 51 Ⅰ）

二、承受人代繳

第 1 項所欠稅款，土地承受人得申請代繳或在買價、典價內照數扣留完納；其屬代繳者，得向納稅義務人求償。（土稅 51 Ⅲ）

三、欠稅申請分單繳納規定（土稅細 19）

1. 欠繳地價稅之土地於移轉時，得由移轉土地之義務人或權利人申請分單繳納，分單繳納稅額之計算公式如附件三。

附件三　分單繳納地價稅額之計算公式

核准分單繳納當年稅額＝分單土地之當年課稅地價 ÷ 當年課稅地價總額 × 當年應繳地價稅稅額

2. 前項欠繳地價稅稅單，已合法送達者，其分單繳納稅款

之限繳日期，以原核定限繳日期為準；未合法送達者，
其分單繳納稅款及其餘應納稅款應另訂繳納期間，並予
送達。如欠繳地價稅案件已移送法務部行政執行署所屬
行政執行分署執行，主管稽徵機關於分單稅款繳清時，
應即向行政執行分署更正欠稅金額。

第二章

田賦

田賦暫停徵收及其法源

一、田賦自民國 76 年起暫停徵收迄今。

二、為調劑農業生產狀況或因應農業發展需要，行政院得決定停
　　徵全部或部分田賦。（土稅 27-1）

田賦之用辭及定義

一、都市土地

　　本法所稱都市土地，指依法發布都市計畫範圍內之土地。
（土稅 8）

二、非都市土地

　　本法所稱非都市土地，指都市土地以外之土地。（土稅 8）

三、農業用地（土稅 10 Ⅰ）

　　本法所稱農業用地，指非都市土地或都市土地農業區、保護
區範圍內土地，依法供下列使用者：

　　1. 供農作、森林、養殖、畜牧及保育使用者。

　　2. 供與農業經營不可分離之農舍、畜禽舍、倉儲設備、曬
　　　 場、集貨場、農路、灌溉、排水及其他農用之土地。

　　3. 農民團體與合作農場所有直接供農業使用之倉庫、冷凍
　　　 （藏）庫、農機中心、蠶種製造（繁殖）場、集貨場、檢
　　　 驗場等用地。

四、田賦用辭（土稅 13）

　　課徵田賦之用辭及定義如下：

1. 地目

　　指各直轄市、縣（市）地籍冊所載之土地使用類別。

2. 等則

　　指按各種地目土地單位面積全年收益或地價高低所區分
之賦率等級。

3. 賦元

　　指按各種地目等則土地單位面積全年收益或地價釐定全
年賦額之單位。

4. 賦額

　　指依每種地目等則之土地面積，乘各該地目等則單位面
積釐定之賦元所得每筆土地全年賦元之積。

5. 實物

　　指各地區徵收之稻穀、小麥或就其折徵之他種農作產物。

6. 代金

　　指按應徵實物折徵之現金。

7. 夾雜物

　　指實物中含帶之沙、泥、土、石、稗子等雜物。

1. 田賦是按農地的地目及等則課徵,並非按農地的地價課徵。
2. 田賦按「段」歸戶,並非按「直轄市」或「縣市」歸戶。

田賦之課徵範圍

一、非都市土地

非都市土地依法編定之農業用地或未規定地價者,徵收田賦。(土稅 22 Ⅰ)

二、都市土地(土稅 22 Ⅰ、Ⅱ)

1. 都市土地合於下列規定者,徵收田賦:

(1)依都市計畫編為農業區及保護區,限作農業用地使用者。

(2)公共設施尚未完竣前,仍作農業用地使用者。

(3)依法限制建築,仍作農業用地使用者。

(4)依法不能建築,仍作農業用地使用者。

(5)依都市計畫編為公共設施保留地,仍作農業用地使用者。

2. 前項第(2)款及第(3)款,以自耕農地及依耕地三七五減租條例出租之耕地為限。

三、農地農用

農民團體與合作農場所有直接供農業使用之倉庫、冷凍（藏）庫、農機中心、蠶種製造（繁殖）場、集貨場、檢驗場、水稻育苗用地、儲水池、農用溫室、農產品批發市場等用地，仍徵收田賦。（土稅 22 Ⅲ）

四、公有土地徵收田賦之情形

公有土地供公共使用及都市計畫公共設施保留地在保留期間未作任何使用並與使用中之土地隔離者，免徵田賦。（土稅 22 Ⅳ）

五、地目等則之調整

徵收田賦土地，因交通、水利、土壤及水土保持等因素改變或自然變遷，致其收益有增減時，應辦理地目等則調整；其辦法由中央地政主管機關定之。（土稅 27）

附 註

1. 農地是田賦主要課徵的對象。
2. 作農業使用之農業用地目前免徵田賦、地價稅、土地增值稅、遺產稅及贈與稅。

田賦之納稅義務人

一、地價稅或田賦之納稅義務人如下（土稅 3）

　　1. 土地所有權人。

　　2. 設有典權土地，為典權人。

　　3. 承領土地，為承領人。

　　4. 承墾土地，為耕作權人。

　　5. 第 1 款土地所有權屬於公有或公同共有者，以管理機關或管理人為納稅義務人；其為分別共有者，地價稅以共有人各按其應有部分為納稅義務人；田賦以共有人所推舉之代表人為納稅義務人，未推舉代表人者，以共有人各按其應有部分為納稅義務人。

二、代繳義務人（代繳或抵付求償）（土稅 4）

　　1. 土地有下列情形之一者，主管稽徵機關得指定土地使用人負責代繳其使用部分之地價稅或田賦：

　　　⑴納稅義務人行蹤不明者。

　　　⑵權屬不明者。

　　　⑶無人管理者。

　　　⑷土地所有權人申請由占有人代繳者。

　　2. 土地所有權人在同一直轄市、縣（市）內有兩筆以上土地，為不同之使用人所使用時，如土地所有權人之地價稅係按累進稅率計算，各土地使用人應就所使用土地之地價比例，負代繳地價稅之義務。

　　3. 第 1 項第⑴款至第⑶款代繳義務人代繳之地價稅或田
　　　賦，得抵付使用期間應付之地租或向納稅義務人求償。

三、信託土地（土稅 3-1）

　　1. 土地為信託財產者，於信託關係存續中，以受託人為地
　　　價稅或田賦之納稅義務人。

　　2. 前項土地應與委託人在同一直轄市或縣（市）轄區內所有
　　　之土地合併計算地價總額，依第 16 條規定稅率課徵地價
　　　稅，分別就各該土地地價占地價總額之比例，計算其應
　　　納之地價稅。但信託利益之受益人為非委託人且符合下
　　　列各款規定者，前項土地應與受益人在同一直轄市或縣
　　　（市）轄區內所有之土地合併計算地價總額：
　　　⑴受益人已確定並享有全部信託利益者。
　　　⑵委託人未保留變更受益人之權利者。

田賦之徵實（田賦徵收之標準）

一、意義（土稅 23）

　　1. 田賦徵收實物，就各地方生產稻穀或小麥徵收之。不產
　　　稻穀或小麥之土地及有特殊情形地方，得按應徵實物折
　　　徵當地生產雜糧或折徵代金。

　　2. 實物計算一律使用公制衡器，以公斤為單位，公兩以下
　　　四捨五入。代金以元為單位。

二、標準（土稅24）

1. 田賦徵收實物，依下列標準計徵之：

　(1)徵收稻穀區域之土地，每賦元徵收稻穀27公斤。

　(2)徵收小麥區域之土地，每賦元徵收小麥25公斤。

2. 前項標準，得由行政院視各地土地稅捐負擔情形酌予減低。

附　註

1. 田賦以繳納實物為主，對於沒有生產的農地才須繳納現金。

2. 繳納實物的優點是穩定糧價、掌握糧源；缺點是手續繁雜、稽徵成本過高。

荒地稅（土稅22-1 I）

　　農業用地閒置不用，經直轄市或縣（市）政府報經內政部核准通知限期使用或命其委託經營，逾期仍未使用或委託經營者，按應納田賦加徵1倍至3倍之荒地稅；經加徵荒地稅滿3年，仍不使用者，得照價收買。但有下列情形之一者不在此限：

一、因農業生產或政策之必要而休閒者。

二、因地區性生產不經濟而休耕者。

三、因公害污染不能耕作者。

四、因灌溉、排水設施損壞不能耕作者。

五、因不可抗力不能耕作者。

附 註

1. 荒地稅在制裁農地閒置不用：空地稅在制裁建地閒置不用。
2. 因田賦停徵，所以荒地稅也隨之停徵。

空地稅與荒地稅之比較

	空地稅	荒地稅
課徵對象	經編為建地而未依法使用之空地。	經編為農業用地而未依法農用之農地。
課徵時機	經直轄市或縣（市）政府認定應予增建、改建或重建之私有及公有非公用建築用地而逾期未建築、增建、改建或重建者。	農業用地閒置不用，經直轄市或縣（市）政府報經內政部核准通知限期使用或命其委託經營，逾期仍未使用或委託經營者。
政策目的	對空地限期建築使用，以打擊土地投機。	對農地限期耕作，以確保農糧生產。
制裁手段	課以空地稅或照價收買。	課以荒地稅或照價收買。
實施程序	空地經限期使用，逾期不使用，就加徵空地稅或照價收買，二者擇一。	加徵荒地稅滿 3 年，仍不使用者，始得照價收買。

（續）

	空地稅	荒地稅
加重稅額	按該宗土地應納地價稅基本稅額加徵 2 至 5 倍。	按應納田賦加徵 1 倍至 3 倍。

附 註

1. 空地之意義：

   本法所稱空地，指已完成道路、排水及電力設施，於有自來水地區並已完成自來水系統，而仍未依法建築使用；或雖建築使用，而其建築改良物價值不及所占基地申報地價 10%，且經直轄市或縣（市）政府認定應予增建、改建或重建之私有及公有非公用建築用地。（土稅 11）

2. 空地稅之加徵：

   凡經直轄市或縣（市）政府核定應徵空地稅之土地，按該宗土地應納地價稅基本稅額加徵 2 至 5 倍之空地稅。（土稅 21）依本法第 21 條規定加徵空地稅之倍數，由直轄市或縣（市）主管機關視都市發展情形擬訂，報行政院核定。（土稅細 18）

第三章

土地增值稅

土地增值稅之意義

對非因投施勞力資本所增加之土地價值,所課徵之稅負。

附 註

土地增值稅為憲法第 143 條

中華民國領土內之土地,屬於國民全體。人民依法取得之土地所有權,應受法律之保障與限制。私有土地應照價納稅,政府並得照價收買。

附著於土地之礦及經濟上可供公眾利用之天然力,屬於國家所有,不因人民取得土地所有權而受影響。

土地價值非因施以勞力、資本而增加者,應由國家徵收土地增值稅,歸人民共享之。

國家對於土地之分配與整理,應以扶植自耕農及自行使用土地人為原則,並規定其適當經營之面積。

土地稅法第 28 條

已規定地價之土地,於土地所有權移轉時,應按其土地漲價總數額徵收土地增值稅。但因繼承而移轉之土地,各級政府出售或依法贈與之公有土地,及受贈之私有土地,免徵土地增值稅。

土地增值稅之課徵範圍（時機）

一、所有權移轉

已規定地價之土地，於土地所有權移轉時，應按其土地漲價總數額徵收土地增值稅。（土稅 28）

二、設定典權

已規定地價之土地，設定典權時，出典人應依本法規定預繳土地增值稅。但出典人回贖時，原繳之土地增值稅，應無息退還。（土稅 29）

三、交換

土地交換，應分別向原土地所有權人徵收土地增值稅。（土稅細 42 Ⅰ）

四、分割

分別共有土地分割後，各人所取得之土地價值與其分割前應有部分價值相等者，免徵土地增值稅；其價值減少者，就其減少部分課徵土地增值稅。

公同共有土地分割，其土地增值稅之課徵，準用前項規定。（土稅細 42 Ⅱ、Ⅲ）

五、合併

土地合併後，各共有人應有部分價值與其合併前之土地價值相等者，免徵土地增值稅。其價值減少者，就其減少部分課徵土

地增值稅。（土稅細 42 IV）

六、信託土地移轉（土稅 5-2）

1. 受託人就受託土地，於信託關係存續中，有償移轉所有權、設定典權或依信託法第 35 條第 1 項規定轉為其自有土地時，以受託人為納稅義務人，課徵土地增值稅。

2. 以土地為信託財產，受託人依信託本旨移轉信託土地與委託人以外之歸屬權利人時，以該歸屬權利人為納稅義務人，課徵土地增值稅。

附 註

1. 土地因交換、分割或合併，其價值之計算，以分割或合併時之公告土地現值為準。

2. 大法官會議第 173 號解釋：

   土地為無償移轉者，土地增值稅之納稅義務人為取得所有權人，土地稅法第 5 條第 1 項第 2 款定有明文。共有土地之分割，共有人因分割所取得之土地價值，與依其應有部分所算得之價值較少而未受補償時，自屬無償移轉之一種，應向取得土地價值增多者，就其增多部分課徵土地增值稅。財政部（67）台財稅第 34896 號函，關於徵收土地增值稅之部分，與首開規定並無不符，亦難認為與憲法第 19 條有所牴觸。

土地增值稅之納稅義務人

一、土地增值稅之納稅義務人如下（土稅 5）

1. 土地為有償移轉者，為原所有權人。

2. 土地為無償移轉者，為取得所有權之人。

3. 土地設定典權者，為出典人。

4. 第 1 項所稱有償移轉，指買賣、交換、政府照價收買或徵收等方式之移轉；第 2 項所稱無償移轉，指遺贈及贈與等方式之移轉。

二、信託土地（土稅 5-2）

1. 受託人就受託土地，於信託關係存續中，有償移轉所有權、設定典權或依信託法第 35 條第 1 項規定轉為其自有土地時，以受託人為納稅義務人，課徵土地增值稅。

2. 以土地為信託財產，受託人依信託本旨移轉信託土地與委託人以外之歸屬權利人時，以該歸屬權利人為納稅義務人，課徵土地增值稅。

土地增值稅之代繳規定

一、土地所有權移轉，其應納之土地增值稅，納稅義務人未於規定期限內繳納者，得由取得所有權之人代為繳納。（土稅 5-1）

二、依平均地權條例第 47 條規定由權利人單獨申報土地移轉現

值者，其應納之土地增值稅，應由權利人代爲繳納。（土稅
5-1）

三、經法院或行政執行分署拍賣之土地，依第30條第1項第5
　　款但書規定審定之移轉現值核定其土地增值稅者，如拍定價
　　額不足扣繳土地增值稅時，法院或行政執行分署應俟拍定人
　　代爲繳清差額後，再行發給權利移轉證書。（土稅51Ⅱ）

附註

1. 平均地權條例第47條：

土地所有權移轉或設定典權時，權利人及義務人應於訂定
契約之日起三十日內，檢同契約及有關文件，共同申請土
地所有權移轉或設定典權登記，並共同申報其土地移轉現
值。但依規定得由權利人單獨申請登記者，權利人得單獨
申報其移轉現值。

權利人及義務人應於買賣案件申請所有權移轉登記時，檢
附申報書共同向直轄市、縣（市）主管機關申報登錄土地
及建物成交案件實際資訊（以下簡稱申報登錄資訊）。

前項申報登錄資訊，除涉及個人資料外，得提供查詢。

已登錄之不動產交易價格資訊，在相關配套措施完全建立
並完成立法後，始得爲課稅依據。

第二項申報登錄資訊類別、內容與第三項提供之內容、方
式、收費費額及其他應遵行事項之辦法，由中央主管機關
定之。

直轄市、縣（市）主管機關爲查核申報登錄資訊，得向權利人、義務人、地政士或不動產經紀業要求查詢、取閱有關文件或提出説明；中央主管機關爲查核疑有不實之申報登錄價格資訊，得向相關機關或金融機構查詢、取閱價格資訊有關文件。受查核者不得規避、妨礙或拒絕。

前項查核，不得逾確保申報登錄資訊正確性目的之必要範圍。

第二項受理及第六項查核申報登錄資訊，直轄市、縣（市）主管機關得委任所屬機關辦理。

本條例中華民國一百零九年十二月三十日修正之條文施行前，以區段化、去識別化方式提供查詢之申報登錄資訊，於修正施行後，應依第三項規定重新提供查詢。

2. 土地買賣私契如約定土地增值税由買方負責繳納，即所謂「賣清」之情形，其法律效力如下：

   (1) 私契之約定雖違反公法上之規定，但仍得約束買賣雙方。

   (2) 私契之約定不得排除公法上之租税義務，即不得變更納税義務人。因此雙方約定由買方代繳時最好事先向稽徵機關申請並注意留存買方支付税金的流程，以避免買賣不成，稽徵機關將買方所繳的土地增值税退給賣方。

3. 土地税法第 30 條第 1 項第 5 款：

   經法院或法務部行政執行署所屬行政執行分署（以下簡稱行政執行分署）拍賣之土地，以拍定日當期之公告土地現值爲準。但拍定價額低於公告土地現值者，以拍定價額爲準；拍定價額如已先將設定抵押金額及其他債務予以扣除者，應以併同計算之金額爲準。

土地增值稅之稅基（土地漲價總數額之計算）

土地增值稅的稅基為「土地漲價總數額」，其計算方式如下：

土地漲價總數額之計算，應自該土地所有權移轉或設定典權時，經核定之申報移轉現值中減除下列各款後之餘額，為漲價總數額：（土稅 31 Ⅰ）

一、規定地價後，未經過移轉之土地，其原規定地價。規定地價後，曾經移轉之土地，其前次移轉現值。（土稅 31 Ⅰ）

　1. 所稱之原規定地價，依平均地權條例之規定；所稱前次移轉時核計土地增值稅之現值，於因繼承取得之土地再行移轉者，係指繼承開始時該土地之公告現值。但繼承前依第 30 條之 1 第 3 款規定領回區段徵收抵價地之地價，高於繼承開始時該土地之公告現值者，應從高認定。（土稅 31 Ⅱ）

　2. 所稱原規定地價，係指中華民國 53 年規定之地價；其在中華民國 53 年以前已依土地法規定辦理規定地價及在中華民國 53 年以後舉辦規定地價之土地，均以其第一次規定之地價為原規定地價。（平 38 Ⅱ）

　3. 第 31 條之原規定地價及前次移轉時核計土地增值稅之現值，遇一般物價有變動時，應按政府發布之物價指數調整後，再計算其土地漲價總數額。（土稅 32）

　4. 配偶相互贈與之土地，得申請不課徵土地增值稅。但於再移轉依法應課徵土地增值稅時，以該土地第一次不課

徵土地增值稅前之原規定地價或最近一次課徵土地增值稅時核定之申報移轉現值為原地價,計算漲價總數額,課徵土地增值稅。前項受贈土地,於再移轉計課土地增值稅時,贈與人或受贈人於其具有土地所有權之期間內,有支付第 31 條第 1 項第 2 款改良土地之改良費用或同條第 3 項增繳之地價稅者,準用該條之減除或抵繳規定;其為經重劃之土地,準用第 39 條之 1 第 1 項之減徵規定。該項再移轉土地,於申請適用第 34 條規定稅率課徵土地增值稅時,其出售前 1 年內未曾供營業使用或出租之期間,應合併計算。(土稅 28-2)

5. 依本法第 32 條計算土地漲價總數額時,應按本法第 30 條審核申報移轉現值所屬年月已公告之最近臺灣地區消費者物價總指數,調整原規定地價或前次移轉時申報之土地移轉現值。(土稅細 49)

二、土地所有權人為改良土地已支付之全部費用,包括已繳納之工程受益費、土地重劃費用及因土地使用變更而無償捐贈一定比率土地作為公共設施用地者,其捐贈時捐贈土地之公告現值總額。(土稅 31 Ⅰ)

1. 依本法第 31 條第 1 項第 2 款規定應自申報移轉現值中減除之費用,包括改良土地費用、已繳納之工程受益費、土地重劃負擔總費用及因土地使用變更而無償捐贈作為公共設施用地其捐贈土地之公告現值總額。但照價收買之土地,已由政府依平均地權條例第 32 條規定補償之改

良土地費用及工程受益費不包括在內。（土稅細 51 Ⅰ）

2. 依前項規定減除之費用，應由土地所有權人檢附工程受益費繳納收據、直轄市或縣（市）主管機關發給之改良土地費用證明書或地政機關發給之土地重劃負擔總費用證明書及因土地使用變更而無償捐贈作為公共設施用地其捐贈土地之公告現值總額之證明文件，向主管稽徵機關提出申請。（土稅細 51 Ⅱ）

三、計算公式：（土稅細 50）

依本法第 31 條規定計算土地漲價總數額時，其計算公式如附件四。

附件四　土地漲價總數額之計算公式

土地漲價總數額＝申報土地移轉現值－原規定地價或前次移轉時所申報之土地移轉現值×（臺灣地區消費者物價總指數÷100）－（改良土地費用＋工程受益費＋土地重劃負擔總費用＋因土地使用變更而無償捐贈作為公共設施用地其捐贈土地之公告現值總額）

免徵土地移轉現值之核定（土稅 30-1）

依法免徵土地增值稅之土地，主管稽徵機關應依下列規定核定其移轉現值並發給免稅證明，以憑辦理土地所有權移轉登記：

一、依第 28 條但書規定免徵土地增值稅之公有土地，以實際出

售價額為準；各級政府贈與或受贈之土地，以贈與契約訂約日當期之公告土地現值為準。

二、依第 28 條之 1 規定，免徵土地增值稅之私有土地，以贈與契約訂約日當期之公告土地現值為準。

三、依第 39 條之 1 第 3 項規定，免徵土地增值稅之抵價地，以區段徵收時實際領回抵價地之地價為準。

土地增值稅之稅率（土稅 33）

一、稅率結構

土地增值稅之稅率，依下列規定：

1. 土地漲價總數額超過原規定地價或前次移轉時核計土地增值稅之現值數額未達 100% 者，就其漲價總數額徵收增值稅 20%。

2. 土地漲價總數額超過原規定地價或前次移轉時核計土地增值稅之現值數額在 100% 以上未達 200% 者，除按前款規定辦理外，其超過部分徵收增值稅 30%。

3. 土地漲價總數額超過原規定地價或前次移轉時核計土地增值稅之現值數額在 200% 以上者，除按前二款規定分別辦理外，其超過部分徵收增值稅 40%。

二、長期持有之減徵

1. 持有土地年限超過 20 年以上者，就其土地增值稅超過最低稅率部分減徵 20%。

2. 持有土地年限超過 30 年以上者，就其土地增值稅超過最低稅率部分減徵 30%。

3. 持有土地年限超過 40 年以上者，就其土地增值稅超過最低稅率部分減徵 40%。

附註

持有年限 20 年以下土地增值稅修正後速算公式

A：土地漲價總數額

B：原規定地價或前次移轉現值

持有年限	20 年以下
第 1 級	A×20%
第 2 級	A×30%－B×10%
第 3 級	A×40%－B×30%

持有年限 20 年～30 年土地增值稅修正後速算公式

A：土地漲價總數額

B：原規定地價或前次移轉現值

持有年限	20 年～30 年
第 1 級	A×20%
第 2 級	A×28%－B×8%
第 3 級	A×36%－B×24%

減徵後稅率計算說明

減徵後稅率＝

原稅率－〔（原稅率－最低稅率）× 減徵比例〕

持有土地 20 年～30 年減徵 20%

第 2 級

減徵後稅率＝

原稅率－〔（原稅率－最低稅率）× 減徵比例〕

28% ＝ 30%－〔（30%－20%）×20%〕

原累進差額 10% 同比例減少爲 8%

第 3 級

減徵後稅率＝

原稅率－〔（原稅率－最低稅率）× 減徵比例〕

36% ＝ 40%－〔（40%－20%）×20%〕

原累進差額 30% 同比例減少爲 24%

持有年限 30 年～40 年土地增值稅修正後速算公式

A：土地漲價總數額

B：原規定地價或前次移轉現值

持有年限	30 年～40 年
第 1 級	A×20%
第 2 級	A×27%－B×7%
第 3 級	A×34%－B×21%

持有土地 30 年～40 年減徵 30%

第 2 級

減徵後稅率＝

原稅率－〔（原稅率－最低稅率）× 減徵比例〕

27% ＝ 30%－〔（30%－20%）×30%〕

原累進差額 10% 同比例減少為 7%

第 3 級

減徵後稅率＝

原稅率－〔（原稅率－最低稅率）× 減徵比例〕

34% ＝ 40%－〔（40%－20%）×30%〕

原累進差額 30% 同比例減少為 21%

持有年限 40 年以上土地增值稅修正後速算公式

A：土地漲價總數額

B：原規定地價或前次移轉現值

持有年限	40 年以上
第 1 級	A×20%
第 2 級	A×26%－B×6%
第 3 級	A×32%－B×18%

持有土地 40 年以上減徵 40%

第 2 級

減徵後稅率＝

原稅率－〔（原稅率－最低稅率）× 減徵比例〕

26% ＝ 30%－〔（30%－20%）×40%〕

原累進差額 10% 同比例減少爲 6%

第 3 級

減徵後稅率＝

原稅率－〔（原稅率－最低稅率）× 減徵比例〕

32% ＝ 40%－〔（40%－20%）×40%〕

原累進差額 30% 同比例減少爲 18%

級距	持有 20 年以下	持有 20-30 年	持有 30-40 年	持有 40 年以上
第一級	20%	20%	20%	20%
第二級	30%	28%	27%	26%
第三級	40%	36%	34%	32%

附件五　　土地增值稅應徵稅額之計算公式（土地稅法施行細則第53
　　　　　條附件）

稅級別	計算公式
第一級	應徵稅額＝土地漲價總數額【超過原規定地價或前次移轉時申報現值（按臺灣地區消費者物價總指數調整後）未達百分之一百者】×稅率（20%）
第二級	應徵稅額＝土地漲價總數額【超過原規定地價或前次移轉時申報現值（按臺灣地區消費者物價總指數調整後）在百分之一百以上未達百分之二百者】×【稅率（30%）－〔（30%－20%）×減徵率〕】－累進差額（按臺灣地區消費者物價總指數調整後之原規定地價或前次移轉現值×A） 註：持有土地年限未超過20年者，無減徵，A為0.10 　　持有土地年限超過20年以上者，減徵率為20%，A為0.08 　　持有土地年限超過30年以上者，減徵率為30%，A為0.07 　　持有土地年限超過40年以上者，減徵率為40%，A為0.06
第三級	應徵稅額＝土地漲價總數額【超過原規定地價或前次移轉時申報現值（按臺灣地區消費者物價總指數調整後）在百分之二百以上者】×【稅率（40%）－〔（40%－20%）×減徵率〕】－累進差額（按臺灣地區消費者物價總指數調整後之原規定地價或前次移轉現值×B） 註：持有土地年限未超過20年者，無減徵，B為0.30 　　持有土地年限超過20年以上者，減徵率為20%，B為0.24 　　持有土地年限超過30年以上者，減徵率為30%，B為0.21 　　持有土地年限超過40年以上者，減徵率為40%，B為0.18

附註

土地稅法第 33 條

土地增值稅之稅率，依下列規定：

一、土地漲價總數額超過原規定地價或前次移轉時核計
　　土地增值稅之現值數額未達百分之一百者，就其漲
　　價總數額徵收增值稅百分之二十。

二、土地漲價總數額超過原規定地價或前次移轉時核計
　　土地增值稅之現值數額在百分之一百者以上未達百
　　分之二百者，除按前款規定辦理外，其超過部分徵
　　收增值稅百分之三十。

三、土地漲價總數額超過原規定地價或前次移轉時核計
　　土地增值稅之現值數額在百分之二百以上者，除按
　　前二款規定分別辦理外，其超過部分徵收增值稅百
　　分之四十。

　　因修正前項稅率造成直轄市政府及縣（市）政府稅收
之實質損失，於財政收支劃分法修正擴大中央統籌分配稅款
規模之規定施行前，由中央政府補足之，並不受預算法第
二十三條有關公債收入不得充經常支出之用之限制。

　　前項實質損失之計算，由中央主管機關與直轄市政府及
縣（市）政府協商之。

　　公告土地現值應調整至一般正常交易價格。

　　全國平均之公告土地現值調整達一般正常交易價格百分
之九十以上時，第一項稅率應檢討修正。

　　持有土地年限超過二十年以上者，就其土地增值稅超過

第一項最低稅率部分減徵百分之二十。

持有土地年限超過三十年以上者，就其土地增值稅超過第一項最低稅率部分減徵百分之三十。

持有土地年限超過四十年以上者，就其土地增值稅超過第一項最低稅率部分減徵百分之四十。

自用住宅用地優惠稅率

＊一生一次

一、內容（土稅 34）

1. 土地所有權人出售其自用住宅用地者，都市土地面積未超過 3 公畝部分或非都市土地面積未超過 7 公畝部分，其土地增值稅統就該部分之土地漲價總數額按 10% 徵收之；超過 3 公畝或 7 公畝者，其超過部分之土地漲價總數額依前條規定之稅率徵收之。

2. 前項土地於出售前 1 年內，曾供營業使用或出租者，不適用前項規定。

3. 第 1 項規定於自用住宅之評定現值不及所占基地公告土地現值 10% 者，不適用之。但自用住宅建築工程完成滿 1 年以上者不在此限。

4. 土地所有權人，依第 1 項規定稅率繳納土地增值稅者，以一次為限。

二、適用條件

自用住宅用地土地增值稅優惠稅率之適用條件如下：

1. 須設立戶籍

自用住宅用地須土地所有權人或其配偶、直系親屬於該地辦竣戶籍登記。（土稅 9）

2. 須為自用

⑴自用住宅用地於出售前 1 年內，未曾供營業使用或出租者。（土稅 34 II）

⑵配偶相互贈與之土地申請適用第 34 條規定稅率課徵土地增值稅時，其出售前 1 年內未曾供營業使用或出租之期間，應合併計算。（土稅 28-2 II）

3. 產權限制

自用住宅用地，以其土地上之建築改良物屬土地所有權人或其配偶、直系親屬所有者為限。（土稅細 4）

4. 次數限制

每一土地所有權人一生僅能適用一次，但可以多處土地於同日一次移轉。（土稅 34）

5. 面積限制

都市土地面積未超過 3 公畝部分或非都市土地面積未超過 7 公畝部分，其超過部分之土地漲價總數額依一般稅率徵收之。（土稅 34 I）

附 註

土地稅法施行細則第 44 條

　　土地所有權人申報出售在本法施行區域內之自用住宅用地，面積超過本法第三十四條第一項或第五項第一款規定時，應依土地所有權人擇定之適用順序計算至該規定之面積限制為止；土地所有權人未擇定者，應以各筆土地依本法第三十三條規定計算之土地增值稅額，由高至低之適用順序計算之。

　　本細則中華民國一百零三年一月十三日修正施行時適用本法第三十四條第一項或一百十年九月二十三日修正施行時適用同條第五項規定之出售自用住宅用地尚未核課確定案件，適用前項規定。

　　6. 自用住宅現值之限制

　　　自用住宅之評定現值不及所占基地公告土地現值 10% 者，不適用之。但自用住宅建築工程完成滿 1 年以上者不在此限。（土稅 34 Ⅲ）

＊一生一屋

一、內容（土稅 34）

　　土地所有權人適用一生一次土地增值稅優惠稅率規定後，再出售其自用住宅用地，如符合下列各款規定者，不受前項一次之限制（即一生一屋可多次適用優惠稅率之規定）。

二、適用條件（土稅 34 Ⅴ）

　　一生一屋自用住宅用地土地增值稅優惠稅率之適用條件如下：

1. 面積限制

　　出售都市土地面積未超過 1.5 公畝部分或非都市土地面積未超過 3.5 公畝部分。

2. 房屋間數限制

　　出售時土地所有權人與其配偶及未成年子女，無該自用住宅以外之房屋。

3. 持有時間限制

　　出售前持有該土地 6 年以上。

4. 設籍限制

　　土地所有權人或其配偶、未成年子女於土地出售前，在該地設有戶籍且持有該自用住宅連續滿 6 年。

5. 使用限制

　　出售前 5 年內，無供營業使用或出租。

志明於民國 89 年 10 月購置土地一筆，面積 100 平方公尺，並按購買當期公告土地現值每平方公尺 10,000 元申報土地移轉現值，志明曾繳納工程受益費 500,000 元，又今年 2 月將該筆土地出售，今年 1 月 1 日公告土地現值為每平公尺 60,000 元，如物價指數為 120%，則志明應繳納多少土地增值稅？

解析

一、一般稅率

1. 土地漲價總數額：

＝〔申報土地移轉現值－原規定地價或前次移轉時所申報之土地移轉現值 ×（臺灣地區消費者物價總指數 ÷100）〕－土地改良費用（工程受益費）

＝〔60,000 元 $\times 100m^2$－10,000 元 $\times 100m^2 \times$（120%）〕－500,000 元

＝〔6,000,000 元－1,200,000 元〕－500,000 元

＝4,800,000 元－500,000 元

＝4,300,000 元

2. 漲價倍數：

＝土地漲價總數額 ÷〔原規定地價或前次移轉時所申報之土地移轉現值 ×（臺灣地區消費者物價總指數 ÷100）〕

$= 4,300,000 \, 元 \div [10,000 \, 元 \times 100m^2 \times (120\%)]$

$= 4,300,000 \, 元 \div 1,200,000 \, 元$

$= 3.58 \, 倍 > 2 \, 倍$

適用第三級稅率（40%）

3. 應納土地增值稅：

＝土地漲價總數額超過前次移轉時核計土地增值稅之現
值數額（採超額累進方式計算：未達一倍 20%；一至
二倍 30%；二倍以上 40%）

$= 1,200,000 \, 元 \times 20\% + 1,200,000 \, 元 \times 30\% + 1,900,000$
元 $\times 40\%$

$= 240,000 \, 元 + 360,000 \, 元 + 760,000 \, 元$

$= 1,360,000 \, 元$

以速算公式計算：

土地增值稅額＝

土地漲價總數額 $\times 40\% -$ 原規定地價或前次移轉現值
$\times 30\%$

$= 4,300,000 \, 元 \times 40\% - 1,200,000 \, 元 \times 30\%$

$= 1,720,000 \, 元 - 360,000 \, 元$

$= 1,360,000 \, 元$

二、若適用自用住宅用地稅率

應納土地增值稅

＝土地漲價總數額 $\times$ 適用稅率 10%

$= 4,300,000 \, 元 \times 10\%$

＝ 430,000 元　　　　　　　　　　　　　　　　　●●●

案件

　　春嬌在民國 98 年購買一筆都市計畫範圍內之自用住宅用
地，面積 600 平方公尺，其前次移轉現值為 5,000 元／平方公
尺，物價指數為 150%，今天將這筆土地出售，出售時申報土地
移轉現值為 30,000 元／平方公尺，並申請按自用住宅用地稅率
課徵，則其應納土地增值稅為多少？

解析

　　由於都市土地適用自用住宅用地稅率之面積僅 300m^2，超過
部分則適用一般稅率，故本題應分自用住宅用地稅率（300m^2）
及一般稅率（300m^2）兩部分計算，再合計之。

一、適用自用住宅用地稅率部分（300m^2）之應納土地增值稅

　　1. 土地漲價總數額：

　　　＝申報土地移轉現值－原規定地價或前次移轉時所申
　　　　報之土地移轉現值 ×（臺灣地區消費者物價總指數
　　　　÷100）

　　　＝ 30,000 元 ×300m^2－〔5,000 元 ×300m^2×（150%）〕

　　　＝ 9,000,000 元－2,250,000 元

　　　＝ 6,750,000 元

2. 適用自用住宅用地稅率部分（300m²）之應納土地增值稅：

　＝土地漲價總數額 × 適用稅率 10%

　＝ 6,750,000 元 ×10%

　＝ 675,000 元

二、適用一般稅率部分（300m²）之應納土地增值稅

1. 土地漲價總數額：

　＝申報土地移轉現值－原規定地價或前次移轉時所申
　　報之土地移轉現值 ×（臺灣地區消費者物價總指數
　　÷100）

　＝ 30,000 元 ×300m²－〔5,000 元 ×300m²×（150%）〕

　＝ 9,000,000 元－2,250,000 元

　＝ 6,750,000 元

2. 土地漲價倍數：

　＝土地漲價總數額 ÷〔原規定地價或前次移轉時所申
　　報之土地移轉現值 ×（臺灣地區消費者物價總指數
　　÷100）〕

　＝ 6,750,000 元 ÷〔5,000 元 ×300m²×（150%）〕

　＝ 6,750,000 元 ÷2,250,000 元

　＝ 3 倍＞ 2 倍

　適用第三級稅率（40%）

3. 應納土地增值稅：

＝土地漲價總數額 × 稅率（超過前次移轉時核計土地
增值稅之現值數額採超額累進方式計算：未達一倍
20%；一至二倍 30%；二倍以上 40%）

＝ 2,250,000 元 ×20% ＋ 2,250,000 元 ×30% ＋ 2,250,000
元 ×40%

＝ 450,000 元＋ 675,000 元＋ 900,000 元

＝ 2,025,000 元

以速算公式計算：

土地增值稅額＝

土地漲價總數額 ×40%－原規定地價或前次移轉現值
×30%

＝ 6,750,000 元 ×40%－2,250,000 元 ×30%

＝ 2,700,000 元－675,000 元

＝ 2,025,000 元

三、合計

＝ 675,000 元＋ 2,025,000 元

＝ 2,700,000 元　　　　　　　　　　　　　　●●●

申請適用自用住宅用地優惠稅率之證件（土稅 34-1）

一、土地所有權人申請按自用住宅用地稅率課徵土地增值稅，應
於土地現值申報書註明自用住宅字樣，並檢附建築改良物證

明文件；其未註明者，得於繳納期間屆滿前，向當地稽徵機關補行申請，逾期不得申請依自用住宅用地稅率課徵土地增值稅。

二、土地所有權移轉，依規定由權利人單獨申報土地移轉現值或無須申報土地移轉現值之案件，稽徵機關應主動通知土地所有權人，其合於自用住宅用地要件者，應於收到通知之次日起 30 日內提出申請，逾期申請者，不得適用自用住宅用地稅率課徵土地增值稅。

土地增值稅之減徵

一、土地重劃

經重劃之土地，於重劃後第一次移轉時，其土地增值稅減徵 40%。（土稅 39-1 Ⅰ）

二、區段徵收

區段徵收之土地依平均地權條例第 54 條第 1 項、第 2 項規定以抵價地補償其地價者，免徵土地增值稅。但領回抵價地後第一次移轉時，應以原土地所有權人實際領回抵價地之地價為原地價，計算漲價總數額，課徵土地增值稅，準用第 1 項規定。（土稅 39-1 Ⅲ）

附 註

1. 土地重劃或區段徵收後之土地發生繼承，繼承人辦妥繼承登記後再移轉，已非屬重劃後第一次移轉，應無土地增值稅減徵 40% 之適用。
2. 土地重劃或區段徵收後之土地發生配偶相互贈與或信託行為，於辦妥登記後再移轉，應有土地增值稅減徵 40% 之適用。

三、長期持有之減徵（土稅 33 Ⅵ、Ⅶ、Ⅷ）

    1. 持有土地年限超過 20 年以上者，就其土地增值稅超過最低稅率部分減徵 20%。

    2. 持有土地年限超過 30 年以上者，就其土地增值稅超過最低稅率部分減徵 30%。

    3. 持有土地年限超過 40 年以上者，就其土地增值稅超過最低稅率部分減徵 40%。

土地增值稅之免徵

一、繼承移轉

    因繼承而移轉之土地，免徵土地增值稅。（土稅 28）

二、政府出售、贈與或受贈

    各級政府出售或依法贈與之公有土地，及受贈之私有土

地，免徵土地增值稅。（土稅 28）

三、私人捐贈

1. 私人捐贈供興辦社會福利事業或依法設立私立學校使用之土地，免徵土地增值稅。但以符合下列各款規定者為限：（土稅 28-1）

   (1) 受贈人為財團法人。

   (2) 法人章程載明法人解散時，其賸餘財產歸屬當地地方政府所有。

   (3) 捐贈人未以任何方式取得所捐贈土地之利益。

2. 本法第 28 條之 1 所稱社會福利事業，指依法經社會福利事業主管機關許可設立，以興辦社會福利服務及社會救助為主要目的之事業。所稱依法設立私立學校，指依私立學校法規定，經主管教育行政機關許可設立之各級、各類私立學校。（土稅細 43 I）

3. 依本法第 28 條之 1 申請免徵土地增值稅時，應檢附社會福利事業主管機關許可設立之證明文件或主管教育行政機關許可設立之證明文件、捐贈文書、法人登記證書（或法人登記簿膡本）、法人捐助章程及當事人出具捐贈人未因捐贈土地以任何方式取得利益之文書。（土稅細43 II）

4. 依本法第 28 條之 1 核定免徵土地增值稅之土地，主管稽徵機關應將核准文號建檔及列冊保管，並定期會同有關機關檢查有無本法第 55 條之 1 規定之情形。（土稅細 43 III）

附 註

土地稅法第 55 條之 1

　　依第二十八條之一受贈土地之財團法人，有下列情形之一者，除追補應納之土地增值稅外，並處應納土地增值稅額二倍以下之罰鍰：

一、未按捐贈目的使用土地者。

二、違反各該事業設立宗旨者。

三、土地收益未全部用於各該事業者。

四、經稽徵機關查獲或經人舉發查明捐贈人有以任何方
　　式取得所捐贈土地之利益者。

四、土地徵收

1. 被徵收之土地，免徵其土地增值稅；依法得徵收之私有土地，土地所有權人自願售與需用土地人者，準用之。（土稅 39 Ⅰ）

2. 區段徵收之土地，以現金補償其地價者，依前條第 1 項前段規定，免徵其土地增值稅。但依平均地權條例第 54 條第 3 項規定因領回抵價地不足最小建築單位面積而領取現金補償者亦免徵土地增值稅。（土稅 39-1 Ⅱ）

3. 區段徵收之土地依平均地權條例第 54 條第 1 項、第 2 項規定以抵價地補償其地價者，免徵土地增值稅。但領回抵價地後第一次移轉時，應以原土地所有權人實際領回

抵價地之地價為原地價，計算漲價總數額，課徵土地增值稅，準用第 1 項規定減徵 40%。（土稅 39-1 Ⅲ）

附 註

1. 平均地權條例第 54 條：

   各級主管機關依本條例規定施行區段徵收時，應依本條例第十條規定補償其地價；如經土地所有權人之申請，得以徵收後可供建築之土地折算抵付。抵價地總面積，以徵收總面積百分之五十為原則；其因情形特殊，經上級主管機關核准者，不在此限。但不得少於百分之四十。

   被徵收土地所有權人，應領回抵價地之面積，由徵收機關按其應領補償地價與區段徵收補償地價總額之比例計算其應領之權利價值，並以該抵價地之單位地價折算之。

   依前項規定領回面積不足最小建築單位面積者，應於規定期間內提出申請合併，未於規定期間內申請者，徵收機關應於規定期間屆滿之日起三十日內，按原徵收補償地價發給現金補償。

2. 土地增值稅之免徵及不課徵，其法律效果不同。免徵係指直接免除租稅負擔。不課徵係指目前不課徵，將應課徵部分保留，待以後課徵時再一併計算。實務上，免徵之原地價重新核計；不課徵之原地價不須更動。

五、公共設施保留地及公共設施用地

1. 依都市計畫法指定之公共設施保留地尚未被徵收前之移轉，準用前項前段規定，免徵土地增值稅。但經變更為非公共設施保留地後再移轉時，以該土地第一次免徵土地增值稅前之原規定地價或最近一次課徵土地增值稅時核定之申報移轉現值為原地價，計算漲價總數額，課徵土地增值稅。（土稅 39 II）

2. 非都市土地經需用土地人開闢完成或依計畫核定供公共設施使用，並依法完成使用地編定，其尚未被徵收前之移轉，經需用土地人證明者，準用第 1 項前段規定，免徵土地增值稅。但經變更為非公共設施使用後再移轉時，以該土地第一次免徵土地增值稅前之原規定地價或最近一次課徵土地增值稅時核定之申報移轉現值為原地價，計算漲價總數額，課徵土地增值稅。（土稅 39 III）

3. 依本法第 39 條第 2 項本文規定申請免徵土地增值稅時，應檢附都市計畫公共設施保留地證明文件；依同條第 3 項本文規定申請免徵土地增值稅時，應檢附非都市土地供公共設施使用證明書。（土稅細 55-1 I）

土地增值稅之不課徵

一、配偶相互贈與土地（土稅 28-2）

1. 配偶相互贈與之土地，得申請不課徵土地增值稅。但於

再移轉依法應課徵土地增值稅時，以該土地第一次不課徵土地增值稅前之原規定地價或最近一次課徵土地增值稅時核定之申報移轉現值為原地價，計算漲價總數額，課徵土地增值稅。

2. 前項受贈土地，於再移轉計課土地增值稅時，贈與人或受贈人於其具有土地所有權之期間內，有支付第 31 條第 1 項第 2 款改良土地之改良費用或同條第 3 項增繳之地價稅者，準用該條之減除或抵繳規定；其為經重劃之土地，準用第 39 條之 1 第 1 項之減徵規定。該項再移轉土地，於申請適用第 34 條規定稅率課徵土地增值稅時，其出售前 1 年內未曾供營業使用或出租之期間，應合併計算。

二、農地移轉

1. 移轉自然人不課徵

作農業使用之農業用地，移轉與自然人時，得申請不課徵土地增值稅。（土稅 39-2 Ⅰ）

2. 未農用再移轉須課稅

前項不課徵土地增值稅之土地承受人於其具有土地所有權之期間內，曾經有關機關查獲該土地未作農業使用且未在有關機關所令期限內恢復作農業使用，或雖在有關機關所令期限內已恢復作農業使用而再有未作農業使用情事時，於再移轉時應課徵土地增值稅。（土稅 39-2 Ⅱ）

3. 贈與配偶應合併計算

前項所定土地承受人有未作農業使用之情事，於配偶間相互贈與之情形，應合併計算。（土稅 39-2 III）

4. 原地價之認定（土稅 39-2 IV、V）

⑴作農業使用之農業用地，於本法中華民國 89 年 1 月 6 日修正施行後第一次移轉，或依第 1 項規定取得不課徵土地增值稅之土地後再移轉，依法應課徵土地增值稅時，以該修正施行日當期之公告土地現值為原地價，計算漲價總數額，課徵土地增值稅。

⑵本法中華民國 89 年 1 月 6 日修正施行後，曾經課徵土地增值稅之農業用地再移轉，依法應課徵土地增值稅時，以該土地最近一次課徵土地增值稅時核定之申報移轉現值為原地價，計算漲價總數額，課徵土地增值稅，不適用前項規定。

5. 申報（土稅 39-3）

⑴依前條第 1 項規定申請不課徵土地增值稅者，應由權利人及義務人於申報土地移轉現值時，於土地現值申報書註明農業用地字樣提出申請；其未註明者，得於土地增值稅繳納期間屆滿前補行申請，逾期不得申請不課徵土地增值稅。但依規定得由權利人單獨申報土地移轉現值者，該權利人得單獨提出申請。

⑵農業用地移轉，其屬無須申報土地移轉現值者，主管稽徵機關應通知權利人及義務人，其屬權利人單獨申

　　報上地移轉現值者，應通知義務人，如合於前條第 1
　　項規定不課徵土地增值稅之要件者，權利人或義務人
　　應於收到通知之次日起 30 日內提出申請，逾期不得申
　　請不課徵土地增值稅。

6. 農業用地範圍（土稅細 57）

　　本法第 39 條之 2 第 1 項所定農業用地，其法律依據及範
　　圍如下：

　　⑴農業發展條例第 3 條第 11 款所稱之耕地。

　　⑵依區域計畫法劃定為各種使用分區內所編定之林業用
　　　地、養殖用地、水利用地、生態保護用地、國土保安
　　　用地及供農路使用之土地，或上開分區內暫未依法編
　　　定用地別之土地。

　　⑶依區域計畫法劃定為特定農業區、一般農業區、山坡
　　　地保育區、森林區以外之分區內所編定之農牧用地。

　　⑷依都市計畫法劃定為農業區、保護區內之土地。

　　⑸依國家公園法劃定為國家公園區內按各分區別及使用
　　　性質，經國家公園管理機關會同有關機關認定合於前
　　　三款規定之土地。

7. 變更為非農地亦農用得免徵之情形

　　農業發展條例第 38 條之 1 規定：

　　農業用地經依法律變更為非農業用地，不論其為何時變
　　更，經都市計畫主管機關認定符合下列各款情形之一，
　　並取得農業主管機關核發該土地作農業使用證明書者，

得分別檢具由都市計畫及農業主管機關所出具文件，向主管稽徵機關申請適用第 37 條第 1 項、第 38 條第 1 項或第 2 項規定，不課徵土地增值稅或免徵遺產稅、贈與稅或田賦：

⑴依法應完成之細部計畫尚未完成，未能准許依變更後計畫用途使用者。

⑵已發布細部計畫地區，都市計畫書規定應實施市地重劃或區段徵收，於公告實施市地重劃或區段徵收計畫前，未依變更後之計畫用途申請建築使用者。

本條例中華民國 72 年 8 月 3 日修正生效前已變更為非農業用地，經直轄市、縣（市）政府視都市計畫實施進度及地區發展趨勢等情況同意者，得依前項規定申請不課徵土地增值稅。

8. 申請不課徵應附文件（土稅細 58）

⑴依本法第 39 條之 2 第 1 項申請不課徵土地增值稅者，應檢附直轄市、縣（市）農業主管機關核發之農業用地作農業使用證明文件，送主管稽徵機關辦理。

⑵直轄市、縣（市）農業主管機關辦理前項所定作農業使用證明文件之核發事項，得委任或委辦區、鄉（鎮、市、區）公所辦理。

9. 不課徵土地增值稅之列管

依本法第 39 條之 2 第 1 項核准不課徵土地增值稅之農業用地，主管稽徵機關應將核准文號註記列管，並於核准

後 1 個月內，將有關資料送直轄市、縣（市）農業主管機關。（土稅細 59）

三、公共設施保留地及公共設施用地

1. 依都市計畫法指定之公共設施保留地尚未被徵收前之移轉，準用前項前段規定，免徵土地增值稅。但經變更為非公共設施保留地後再移轉時，以該土地第一次免徵土地增值稅前之原規定地價或最近一次課徵土地增值稅時核定之申報移轉現值為原地價，計算漲價總數額，課徵土地增值稅。（土稅 39 II）

2. 非都市土地經需用土地人開闢完成或依計畫核定供公共設施使用，並依法完成使用地編定，其尚未被徵收前之移轉，經需用土地人證明者，準用第 1 項前段規定，免徵土地增值稅。但經變更為非公共設施使用後再移轉時，以該土地第一次免徵土地增值稅前之原規定地價或最近一次課徵土地增值稅時核定之申報移轉現值為原地價，計算漲價總數額，課徵土地增值稅。（土稅 39 III）

四、土地信託（土稅 28-3）

土地為信託財產者，於下列各款信託關係人間移轉所有權，不課徵土地增值稅：

1. 因信託行為成立，委託人與受託人間。
2. 信託關係存續中受託人變更時，原受託人與新受託人間。
3. 信託契約明定信託財產之受益人為委託人者，信託關係

消滅時，受託人與受益人間。

4. 因遺囑成立之信託，於信託關係消滅時，受託人與受益
人間。

5. 因信託行爲不成立、無效、解除或撤銷，委託人與受託
人間。

附 註

土地信託有關土地增值稅之徵免

1. 應課徵土地增值稅之情形（土稅 5-2）

　(1) 受託人就受託土地，於信託關係存續中，有償移轉所
有權、設定典權或依信託法第 35 條第 1 項規定轉爲其
自有土地時，以受託人爲納稅義務人，課徵土地增值
稅。

　(2) 以土地爲信託財産，受託人依信託本旨移轉信託土地
與委託人以外之歸屬權利人時，以該歸屬權利人爲納
稅義務人，課徵土地增值稅。

2. 不課徵土地增值稅之情形（土稅 28-3）

土地爲信託財産者，於下列各款信託關係人間移轉所有
權，不課徵土地增值稅：

　(1) 因信託行爲成立，委託人與受託人間。

　(2) 信託關係存續中受託人變更時，原受託人與新受託人
間。

　(3) 信託契約明定信託財産之受益人爲委託人者，信託關
係消滅時，受託人與受益人間。

⑷因遺囑成立之信託，於信託關係消滅時，受託人與受益人間。

⑸因信託行為不成立、無效、解除或撤銷，委託人與受託人間。

3. 應稅之計算（土稅31-1）

⑴依第 28 條之 3 規定不課徵土地增值稅之土地，於所有權移轉、設定典權或依信託法第 35 條第 1 項規定轉為受託人自有土地時，以該土地第一次不課徵土地增值稅前之原規定地價或最近一次課徵土地增值稅時核定之申報移轉現值為原地價，計算漲價總數額，課徵土地增值稅。但屬第 39 條第 2 項但書或第 3 項但書規定情形者，其原地價之認定，依其規定。

⑵因遺囑成立之信託，於成立時以土地為信託財產者，該土地有前項應課徵土地增值稅之情形時，其原地價指遺囑人死亡日當期之公告土地現值。

⑶以自有土地交付信託，且信託契約明定受益人為委託人並享有全部信託利益，受益人於信託關係存續中死亡者，該土地有第 1 項應課徵土地增值稅之情形時，其原地價指受益人死亡日當期之公告土地現值。但委託人藉信託契約，不當為他人或自己規避或減少納稅義務者，不適用之。

⑷第 1 項土地，於計課土地增值稅時，委託人或受託人於信託前或信託關係存續中，有支付第 31 條第 1 項第 2 款改良土地之改良費用或同條第 3 項增繳之地價稅者，準用該條之減除或抵繳規定；第 2 項及第 3 項土地，

> 遺囑人或受益人死亡後，受託人有支付前開費用及地
> 價稅者，亦準用之。
>
> (5) 本法中華民國 104 年 7 月 1 日修正施行時，尚未核課
> 或尚未核課確定案件，適用前二項規定。

土地增值稅之抵繳

一、土地所有權人辦理土地移轉繳納土地增值稅時，在其持有土
　　地期間內，因重新規定地價增繳之地價稅，就其移轉土地部
　　分，准予抵繳其應納之土地增值稅。但准予抵繳之總額，以
　　不超過土地移轉時應繳增值稅總額 5% 為限。（土稅 31 III）

二、前項增繳之地價稅抵繳辦法，由行政院定之。（土稅 31 IV）

三、配偶相互贈與之土地，於再移轉計課土地增值稅時，贈與人
　　或受贈人於其具有土地所有權之期間內，有增繳之地價稅
　　者，準用抵繳之規定（土稅 28-2 II）

土地增值稅之退稅

一、二年內出售使用性質相同土地之退稅

　　1. 要件（土稅 35 I）

　　　土地所有權人於出售土地後，自完成移轉登記之日起，
　　　2 年內重購土地合於下列規定之一，其新購土地地價超過
　　　原出售土地地價，扣除繳納土地增值稅後之餘額者，得

向主管稽徵機關申請就其已納土地增值稅額內，退還其不足支付新購土地地價之數額：

⑴自用住宅用地出售後，另行購買都市土地未超過 3 公畝部分或非都市土地未超過 7 公畝部分仍作自用住宅用地者。

⑵自營工廠用地出售後，另於其他都市計畫工業區或政府編定之工業用地內購地設廠者。

⑶自耕之農業用地出售後，另行購買仍供自耕之農業用地者。

2. 時間限制

前項規定土地所有權人於先購買土地後，自完成移轉登記之日起 2 年內，始行出售土地者，準用之。（土稅 35 II）

3. 未曾供營業或出租使用

第 1 項第⑴款及第 2 項規定，於土地出售前 1 年內，曾供營業使用或出租者，不適用之。（土稅 35 III）

4. 退稅之地價標準

前條第 1 項所稱原出售土地地價，以該次移轉計徵土地增值稅之地價為準。所稱新購土地地價，以該次移轉計徵土地增值稅之地價為準；該次移轉課徵契稅之土地，以該次移轉計徵契稅之地價為準。（土稅 36）

5. 追繳規定

土地所有權人因重購土地退還土地增值稅者，其重購之

土地，自完成移轉登記之日起，5 年內再行移轉時，除就該次移轉之漲價總數額課徵土地增值稅外，並應追繳原退還稅款；重購之土地，改作其他用途者亦同。（土稅 37）

6. 申請文件

土地所有權人因重購土地，申請依本法第 35 條規定退還已納土地增值稅者，應由土地所有權人檢同原出售及重購土地辦理登記時之契約文件影本，向原出售土地所在地稽徵機關辦理。（土稅細 55 Ⅰ）

 附 註

1. 辦理重購退稅無次數限制。
2. 買進及出賣須同一土地所有權人。

二、出典回贖

1. 已規定地價之土地，設定典權時，出典人應依本法規定預繳土地增值稅。但出典人回贖時，原繳之土地增值稅，應無息退還。（土稅 29）

2. 土地出典人依本法第 29 條但書規定，於土地回贖申請無息退還其已繳納土地增值稅時，應檢同原納稅證明文件向主管稽徵機關申請之。（土稅細 45）

志明在前年 12 月 1 日出售自用住宅移轉現值為 4,500,000 元，且已繳土地增值稅款 500,000 元。志明於今年 1 月看中兩棟房子，甲屋土地現值 5,000,000 元，乙屋土地現值 4,300,000 元，志明想購買一棟作為自用住宅，請問購買這兩棟房子可退還多少已納之土地增值稅款？

解析

　　重購自用住宅退還稅款計算公式：

　　新購自用住宅用地的申報移轉現值－（原出售自用住宅用地申報移轉現值－已繳土地增值稅）＝ A（如為零或負數，則不符合退稅要件）

　　已繳土地增值稅款≦ A 時，已繳的增值稅款可全數退還

　　已繳土地增值稅款＞ A 時，可退還相當於 A 的稅款

　　甲屋：

　　重購自用住宅退還稅款＝新購自用住宅用地的申報移轉現值－（原出售自用住宅用地申報移轉現值－已繳土地增值稅款）

　　5,000,000 元－（4,500,000 元－500,000 元）＝ 1,000,000 元（A）

　　已繳土地增值稅款≦ A

　　500,000 元＜ 1,000,000 元（A）

　　志明如購買甲屋，原已繳的增值稅款 500,000 元可全數退回。

乙屋：

重購自用住宅退還稅款＝新購自用住宅用地的申報移轉現
值－（原出售自用住宅用地申報移轉現值－已繳土地增值稅款）

4,300,000 元－（4,500,000 元－500,000 元）＝ 300,000 元（A）

已繳土地增值稅款＞A

500,000 元＞ 300,000 元（A）

志明若購買乙屋，原已繳的增值稅款只能退回 300,000 元。

●●●

土地增值稅之稽徵程序

一、申報土地移轉現值

1. 會同申報

土地所有權移轉或設定典權時，權利人及義務人應於訂
定契約之日起 30 日內，檢附契約影本及有關文件，共同
向主管稽徵機關申報其土地移轉現值。（土稅 49 Ⅰ）

2. 單獨申報

依規定得由權利人單獨申請登記者，權利人得單獨申報
其移轉現值。（土稅 49 Ⅰ）

3. 無須申報

(1)經徵收或收買之土地，該管直轄市、縣（市）地政機
關或收買機關，應檢附土地清冊及補償清冊，通知主
管稽徵機關，核算土地增值稅及應納未納之地價稅或
田賦，稽徵機關應於收到通知後 15 日內，造具代扣稅

款證明冊，送由徵收或收買機關，於發放價款或補償
費時代爲扣繳。（土稅 52）

⑵經法院、行政執行分署執行拍賣或交債權人承受之土
地、房屋及貨物，法院或行政執行分署應於拍定或承
受 5 日內，將拍定或承受價額通知當地主管稅捐稽徵
機關，依法核課土地增值稅、地價稅、房屋稅及營業
稅，並由法院或行政執行分署代爲扣繳。（稅稽 6 III）

二、審核土地移轉現值

1. 土地所有權移轉或設定典權，其申報移轉現值之審核標
準，依下列規定：（土稅 30 I）

⑴申報人於訂定契約之日起 30 日內申報者，以訂約日當
期之公告土地現值爲準。

⑵申報人逾訂定契約之日起 30 日始申報者，以受理申報
機關收件日當期之公告土地現值爲準。

⑶遺贈之土地，以遺贈人死亡日當期之公告土地現值爲
準。

⑷依法院判決移轉登記者，以申報人向法院起訴日當期
之公告土地現值爲準。

⑸經法院或法務部行政執行署所屬行政執行分署（以下
簡稱行政執行分署）拍賣之土地，以拍定日當期之公
告土地現值爲準。但拍定價額低於公告土地現值者，
以拍定價額爲準；拍定價額如已先將設定抵押金額及
其他債務予以扣除者，應以併同計算之金額爲準。

(6)經政府核定照價收買或協議購買之土地，以政府收買日或購買日當期之公告土地現值為準。但政府給付之地價低於收買日或購買日當期之公告土地現值者，以政府給付之地價為準。

2. 低於或超過之核定移轉現值：

前項第(1)款至第(4)款申報人申報之移轉現值，經審核低於公告土地現值者，得由主管機關照其自行申報之移轉現值收買或照公告土地現值徵收土地增值稅。前項第(1)款至第(3)款之申報移轉現值，經審核超過公告土地現值者，應以其自行申報之移轉現值為準，徵收土地增值稅。（土稅 30 II）

三、核定及送達稅單

主管稽徵機關應於申報土地移轉現值收件之日起 7 日內，核定應納土地增值稅額，並填發稅單，送達納稅義務人。但申請按自用住宅用地稅率課徵土地增值稅之案件，其期間得延長為 20 日。（土稅 49 II）

四、稅款繳納及代為扣繳

1. 土地增值稅納稅義務人於收到土地增值稅繳納通知書後，應於 30 日內向公庫繳納。（土稅 50）

2. 土地增值稅於繳納期限屆滿逾 30 日仍未繳清之滯欠案件，主管稽徵機關應通知當事人限期繳清或撤回原申報案，逾期仍未繳清稅款或撤回原申報案者，主管稽徵機

關應逕行註銷申報案及其查定稅額。（土稅細 60）

3. 經徵收或收買之土地，該管直轄市、縣（市）地政機關或收買機關，應檢附土地清冊及補償清冊，通知主管稽徵機關，核算土地增值稅及應納未納之地價稅或田賦，稽徵機關應於收到通知後 15 日內，造具代扣稅款證明冊，送由徵收或收買機關，於發放價款或補償費時代爲扣繳。（土稅 52）

4. 主管稽徵機關接到法院或行政執行分署通知之有關土地拍定或承受價額等事項後，應於 7 日內查定應納土地增值稅函請法院或行政執行分署代爲扣繳，並查明該土地之欠繳土地稅額參與分配。（土稅細 61）

五、移轉登記或設定典權之限制

1. 權利人及義務人應於繳納土地增值稅後，共同向主管地政機關申請土地所有權移轉或設定典權登記。（土稅 49 III）

2. 欠繳土地稅（地價稅、田賦、土地增值稅）之土地，在欠稅未繳清前，不得辦理移轉登記或設定典權。（土稅 51 I）

3. 經法院或行政執行分署拍賣之土地，依第 30 條第 1 項第 5 款但書規定審定之移轉現值核定其土地增值稅者，如拍定價額不足扣繳土地增值稅時，法院或行政執行分署應俟拍定人代爲繳清差額後，再行發給權利移轉證書。（土稅 51 II）

4. 欠繳土地稅，土地承受人得申請代繳或在買賣、典價內照數扣留完納；其屬代繳者，得向繳稅義務人求償。（土稅 51 III）

附 註

平均地權條例第 46 條（編製及公告土地現值）

　　直轄市或縣（市）政府對於轄區內之土地，應經常調查其地價動態，繪製地價區段圖並估計區段地價後，提經地價評議委員會評定，據以編製土地現值表於每年一月一日公告，作為土地移轉及設定典權時，申報土地移轉現值之參考；並作為主管機關審核土地移轉現值及補償徵收土地地價之依據。

土地增值稅之罰則

一、加徵滯納金

　　納稅義務人或代繳義務人未於稅單所載限繳日期內繳清應納稅款者，應加徵滯納金。經核准以票據繳納稅款者，以票據兌現日為繳納日。（土稅 53 I）

二、未辦竣登記再行出售

　　土地買賣未辦竣權利移轉登記，再行出售者，處再行出售移轉現值 2% 之罰鍰。（土稅 54 II）

三、違規處罰（土稅 55-1）

依第 28 條之 1 受贈土地之財團法人，有下列情形之一者，除追補應納之土地增值稅外，並處應納土地增值稅額 2 倍以下之罰鍰：

1. 未按捐贈目的使用土地者。

2. 違反各該事業設立宗旨者。

3. 土地收益未全部用於各該事業者。

4. 經稽徵機關查獲或經人舉發查明捐贈人有以任何方式取得所捐贈土地之利益者。

第四章

房屋稅

房屋稅之意義及性質

一、意義

　　各直轄市或縣（市）政府就其轄區內之各種房屋及增加該房屋使用價值之建築改良物，按其房屋課稅現值及其使用情形，分別適用不同稅率，每年向納稅義務人所課徵的稅賦。

二、性質

　　1. 地方稅：房屋稅之課徵權屬於地方政府。

　　2. 財產稅：房屋稅以房屋為課徵對象，為財產稅之一。

　　3. 比例稅：房屋稅之稅率採比例課徵，如自住用房屋不論地段如何，稅率皆為 1.2%。

房屋稅徵收之法源

　　房屋稅之徵收，依本條例之規定；本條例未規定者，依其他有關法律之規定。（房 1）

附 註

土地法相關規定

第 147 條

　　土地及其改良物，除依本法規定外，不得用任何名目征收或附加稅款。但因建築道路、堤防、溝渠或其他土地改良之水陸工程，所需費用，得依法征收工程受益費。

第 187 條

　　建築改良物為自住房屋時，免予徵稅。

房屋稅之課徵範圍

　　房屋稅，以附著於土地之各種房屋，及有關增加該房屋使用價值之建築物，為課徵對象。（房 3）

一、房屋，指固定於土地上之建築物，供營業、工作或住宅用者。（房 2）

二、增加該房屋使用價值之建築物，指附屬於應徵房屋稅房屋之其他建築物，因而增加該房屋之使用價值者。（房 2）

房屋稅之納稅義務人（房 4）

一、所有人

　　房屋稅向房屋所有人徵收之。

二、典權人

　　設有典權者，向典權人徵收之。

三、共有人

　　共有房屋向共有人徵收之，由共有人推定一人繳納，其不為推定者，由現住人或使用人代繳。

四、管理人、現住人或承租人

所有權人或典權人住址不明，或非居住房屋所在地者，應由管理人或現住人繳納之。如屬出租，應由承租人負責代繳，抵扣房租。

五、起造人

未辦建物所有權第一次登記且所有人不明之房屋，其房屋稅向使用執照所載起造人徵收之；無使用執照者，向建造執照所載起造人徵收之；無建造執照者，向現住人或管理人徵收之。

六、受託人

房屋為信託財產者，於信託關係存續中，以受託人為房屋稅之納稅義務人。受託人為二人以上者，準用有關共有房屋之規定。

房屋稅之稅基

一、不動產評價委員會之組成（房9）

1. 各直轄市、縣（市）（局）應選派有關主管人員及建築技術專門人員組織不動產評價委員會。
2. 不動產評價委員會應由當地民意機關及有關人民團體推派代表參加，人數不得少於總額五分之二。其組織規程由財政部定之。

二、房屋標準價格之評定（房 11）

1. 房屋標準價格，由不動產評價委員會依據下列事項分別評定，並由直轄市、縣（市）政府公告之：

   (1)按各種建造材料所建房屋，區分種類及等級。

   (2)各類房屋之耐用年數及折舊標準。

   (3)按房屋所處街道村里之商業交通情形及房屋之供求概況，並比較各該不同地段之房屋買賣價格減除地價部分，訂定標準。

2. 前項房屋標準價格，每 3 年重行評定一次，並應依其耐用年數予以折舊，按年遞減其價格。

三、房屋現值之核計（房 10）

1. 主管稽徵機關應依據不動產評價委員會評定之標準，核計房屋現值。

2. 依前項規定核計之房屋現值，主管稽徵機關應通知納稅義務人。

3. 納稅義務人如有異議，得於接到通知書之日起 30 日內，檢附證件，申請重行核計。

房屋稅之稅率

一、房屋稅依房屋現值，按下列稅率課徵之：（房 5）

1. 住家用房屋

   供自住或公益出租人出租使用者，爲其房屋現值 1.2%；

其他供住家用者，最低不得少於其房屋現值 1.5%，最高不得超過 3.6%。各地方政府得視所有權人持有房屋戶數訂定差別稅率。供自住及公益出租人出租使用之認定標準，由財政部定之。

2. 非住家用房屋

供營業、私人醫院、診所或自由職業事務所使用者，最低不得少於其房屋現值 3%，最高不得超過 5%；供人民團體等非營業使用者，最低不得少於其房屋現值 1.5%，最高不得超過 2.5%。

3. 混合用

房屋同時作住家及非住家用者，應以實際使用面積，分別按住家用或非住家用稅率，課徵房屋稅。但非住家用者，課稅面積最低不得少於全部面積六分之一。

二、直轄市及縣（市）政府得視地方實際情形，在前條規定稅率範圍內，分別規定房屋稅徵收率，提經當地民意機關通過，報請或層轉財政部備案。（房6）

案件

春嬌新建一棟房屋面積為 300 平方公尺，其中有 30 平方公尺供作營業使用，其餘面積供自住使用，假設每平方公尺核定單價為 9,000 元，地段率 110%，則春嬌當年應納房屋稅稅額應為多少？

解析

一、供營業用面積雖僅為 $30m^2$，但因不得少於 $300m^2$ 之 $1/6$，故以 $50m^2$ 計，而營業用稅率為 3%，故其房屋稅稅額計算如下：

$9,000$ 元 $\times（300m^2 \times 1/6）\times 110\% \times 3\% = 14,850$ 元

二、自住使用之住家用面積 $250m^2（300 \times 5/6）$ 之房屋稅稅額為：

$9,000$ 元 $\times 250m^2 \times 110\% \times 1.2\% = 29,700$ 元

三、春嬌當年應繳納之房屋稅額為：

$14,850$ 元 ＋ $29,700$ 元 ＝ $44,550$ 元　　　•••

房屋稅之減免規定

一、公有房屋之免徵（房 14）

公有房屋供下列各款使用者，免徵房屋稅：

1. 各級政府機關及地方自治機關之辦公房屋及其員工宿舍。

2. 軍事機關部隊之辦公房屋及其官兵宿舍。

3. 監獄、看守所及其辦公房屋暨員工宿舍。

4. 公立學校、醫院、社會教育學術研究機構及救濟機構之校舍、院舍、辦公房屋及其員工宿舍。

5. 工礦、農林、水利、漁牧事業機關之研究或試驗所所用之房屋。

6. 糧政機關之糧倉、鹽務機關之鹽倉、公賣事業及政府經營之自來水廠（場）所使用之廠房及辦公房屋。

7. 郵政、電信、鐵路、公路、航空、氣象、港務事業，供本身業務所使用之房屋及其員工宿舍。

8. 名勝古蹟及紀念先賢先烈之祠廟。

9. 政府配供貧民居住之房屋。

10.政府機關為輔導退除役官兵就業所舉辦事業使用之房屋。

二、私有房屋之免徵（房 15 Ⅰ）

私有房屋有下列情形之一者，免徵房屋稅：

1. 業經立案之私立學校及學術研究機構，完成財團法人登記者，其供校舍或辦公使用之自有房屋。

2. 業經立案之私立慈善救濟事業，不以營利為目的，完成財團法人登記者，其直接供辦理事業所使用之自有房屋。

3. 專供祭祀用之宗祠、宗教團體供傳教佈道之教堂及寺廟。但以完成財團法人或寺廟登記，且房屋為其所有者為限。

4. 無償供政府機關公用或供軍用之房屋。

5. 不以營利為目的，並經政府核准之公益社團自有供辦公使用之房屋。但以同業、同鄉、同學或宗親社團為受益對象者，除依工會法組成之工會經由當地主管稽徵機關報經直轄市、縣（市）政府核准免徵外，不在此限。

6. 專供飼養禽畜之房舍、培植農產品之溫室、稻米育苗中心作業室、人工繁殖場、抽水機房舍；專供農民自用之燻菸房、稻穀及茶葉烘乾機房、存放農機具倉庫及堆肥舍等房屋。

7. 受重大災害，毀損面積佔整棟面積五成以上，必須修復始能使用之房屋。

8. 司法保護事業所有之房屋。

9. 住家房屋現值在新臺幣 10 萬元以下者。但房屋標準價格如依第 11 條第 2 項規定重行評定時，按該重行評定時之標準價格增減程度調整之。調整金額以千元為單位，未達千元者，按千元計算。

10.農會所有之倉庫，專供糧政機關儲存公糧，經主管機關證明者。

11.經目的事業主管機關許可設立之公益信託，其受託人因該信託關係而取得之房屋，直接供辦理公益活動使用者。

三、私有房屋之減半徵收（房 15 II）

私有房屋有下列情形之一者，其房屋稅減半徵收：

1. 政府平價配售之平民住宅。

2. 合法登記之工廠供直接生產使用之自有房屋。

3. 農會所有之自用倉庫及檢驗場，經主管機關證明者。

4. 受重大災害，毀損面積佔整棟面積三成以上不及五成之房屋。

四、不堪居住之停止課稅

房屋遇有焚燬、坍塌、拆除至不堪居住程度者，應由納稅義務人申報當地主管稽徵機關查實後，在未重建完成期內，停止課稅。（房 8）

志明在臺北市中正區衡陽路有一棟鋼筋混凝土（RC）造自住房屋，總面積 200 平方公尺，每平方公尺核定單價 2,500 元，於民國 84 年 2 月建造完成，供自住使用，106 年房屋街路等級調整率為 280%，志明 106 年期應繳多少房屋稅？

解析

一、房屋稅計算公式

　　房屋稅的計算並非以房屋造價或市價計算，而是以房屋的「課稅現值」乘以適用稅率計算。其計算公式如下：

　　房屋核定單價 × 面積 × （1－折舊率 × 折舊年數）× 街路等級調整率（地段率）× 適用稅率＝應納房屋稅

　　2,500 元 ×200m^2×（1－1%×22 年）×280%×1.2% ＝ 13,104 元

二、房屋核定單價

　　是由各縣市不動產評價委員會按照下列三個因素分別評定：

　　1. 房屋係依使用執照所載下列三個項目要件換算單價：

　　　　⑴構造別（區分為鋼骨造、鋼筋混凝土造、加強磚造、磚造、木造、土角造……等，其中以鋼骨造評價最高）。

　　　　⑵用途別（區分為四類，第一類國際觀光旅館、第二類旅館、第三類店舖、住宅、第四類工廠，其中以第三

　　類戶數最多，但以第一類國際觀光旅館房屋評定單價
　　最高）。

　⑶房屋總層數（總樓層數愈高單價愈高）。

2. 房屋如為高級住宅或房屋高度超過標準高度等，依照各
　縣市簡化評定房屋標準價格及房屋現值評定作業要點規
　定辦理。

3. 依財政部修訂「簡化評定房屋標準價格及房屋現值作業之
　參考原則」規定，房屋標準單價表之適用，依房屋建造完
　成日認定；其完成日期，以使用執照所載核發日期為準，
　無使用執照者，以完工證明所載日期為準，無使用執照
　及完工證明者，以申報日為準，無使用執照及完工證明
　且未申報者，以調查日為準。

三、面積

　　以該房屋之使用執照或建物測量成果圖所載面積為準（各
直轄市、縣（市）另有規定者，從其規定），惟若有違章增建
部分，仍應計入。地下室供防空避難室或住戶之自用停車場使用
者，可以免徵房屋稅。

四、折舊率

　　請參考各縣市房屋耐用年數及折舊率標準表（如臺北市鋼筋
混凝土造每年折舊率為 1%）。

五、折舊經歷年數

　　配合財政部 73 年 10 月 24 日台財稅第 61898 號函釋規定修
正定義：「課稅房屋自建造完成至課稅當年之年數。因房屋稅課

稅所屬期間係自本年 7 月 1 日起至次年 6 月 30 日止，每年徵收一次，是房屋之折舊經歷年數起算，以每年 6 月 30 日爲準。」

例如 84 年 2 月起課之房屋迄至 106 年 6 月止，其經歷年數爲 22 年。

六、房屋街路等級調整率（地段率）

依據房屋所處街道之商業交通發展情形等，擬訂房屋位置所在街路之地段等級。如臺北市衡陽路之房屋街路等級調整率經評定爲 280%。

七、稅率

房屋如同時作住家及非住家用者，應以實際使用面積，分別按住家用或非住家用稅率課徵房屋稅，但非住家用者，課稅面積最低不得少於全部面積六分之一。 •••

房屋稅之稽徵程序

一、申報房屋稅籍及期限

1. 納稅義務人應於房屋建造完成之日起 30 日內檢附有關文件，向當地主管稽徵機關申報房屋稅籍有關事項及使用情形；其有增建、改建、變更使用或移轉、承典時，亦同。（房 7）

2. 房屋之新建、重建、增建或典賣移轉，主管建築機關及主辦登記機關應於核准發照或登記之日，同時通知主管稽徵機關。（房 23）

3. 房屋遇有焚燬、坍塌、拆除至不堪居住程度者，應由納稅義務人申報當地主管稽徵機關查實後，在未重建完成期內，停止課稅。（房 8）

二、評定房屋現值

主管稽徵機關應依據不動產評價委員會評定之標準，核計房屋現值。（房 10 Ⅰ）

三、核計房屋現值及重行核計

依前項規定核計之房屋現值，主管稽徵機關應通知納稅義務人。納稅義務人如有異議，得於接到通知書之日起 30 日內，檢附證件，申請重行核計。（房 10 Ⅱ）

四、繳納期限及開徵（房 12）

1. 房屋稅每年徵收一次，其開徵日期由省（市）政府定之。
2. 新建、增建或改建房屋，於當期建造完成者，均須按月比例計課，未滿 1 個月者不計。

房屋稅之罰則

一、逾期未申報

納稅義務人未依第 7 條規定之期限申報，因而發生漏稅者，除責令補繳應納稅額外，並按所漏稅額處以 2 倍以下罰鍰。（房 16）

二、逾期未繳納

納稅義務人未於稅單所載限繳日期以內繳清應納稅款者，每逾 2 日按滯納數額加徵 1% 滯納金；逾 30 日仍未繳納者，移送法院強制執行。（房 18）

三、欠稅不得移轉（房 22）

1. 欠繳房屋稅之房屋，在欠稅未繳清前，不得辦理移轉登記或設定典權登記。

2. 前項所欠稅款，房屋承受人得申請代繳，其代繳稅額得向納稅義務人求償，或在買價、典價內照數扣除。

第五章

契　税

契稅之意義

　　政府依不同性質的契約，就不動產物權取得人，按其契約所載價格，向取得房屋所有者，課徵不同稅率的稅賦。

一、不動產之移轉，土地課以土地增值稅，建築改良物則課以契稅。

二、土地增值稅是屬於所得稅性質；契稅則是屬於財產稅性質。

三、契約所載價額簡稱契價。所稱契約係指公定契約（物權契約）而言。

契稅之課徵範圍（或稱課稅時機或課稅對象）

　　不動產之買賣、承典、交換、贈與、分割或因占有而取得所有權者，均應申報繳納契稅。但在開徵土地增值稅區域之土地，免徵契稅。（契2）

契稅之納稅義務人

一、買賣

　　1. 買賣契稅，應由買受人申報納稅。（契4）

　　2. 依法領買或標購公產及向法院標購拍賣之不動產者，仍應申報繳納契稅。（契11）

　　3. 凡以遷移、補償等變相方式支付產價，取得不動產所有權者，應照買賣契稅申報納稅。（契12 Ⅰ）

二、承典

1. 典權契稅,應由典權人申報納稅。(契 5)

2. 以抵押、借貸等變相方式代替設典,取得使用權者,應照典權契稅申報納稅。(契 12 Ⅰ)

3. 先典後賣者,得以原納典權契稅額,抵繳買賣契稅。但以典權人與買主同屬一人者爲限。(契 10)

三、交換(契 6)

1. 交換契稅,應由交換人估價立契,各就承受部分申報納稅。

2. 前項交換有給付差額價款者,其差額價款,應依買賣契稅稅率課徵。

四、贈與

贈與契稅,應由受贈人估價立契,申報納稅。(契 7)

五、分割

分割契稅,應由分割人估價立契,申報納稅。(契 8)

六、占有

占有契稅,應由占有不動產依法取得所有權之人估價立契,申報納稅。(契 9)

七、中途變更起造人

建築物於建造完成前,因買賣、交換、贈與,以承受人爲建

造執照原始起造人或中途變更起造人名義，並取得使用執照者，應由使用執照所載起造人申報納稅。（契 12 II）

契稅之稅基（契價核定之標準）

契稅是依契約種類不同，分別適用不同之稅率。即按契約所載價額或估價立契之價額，適用不同稅率，核算出其應納契稅，是項契約所載價額即為課徵契稅之基礎。

一、所稱契價，以當地不動產評價委員會評定之標準價格為準。（契 13 I）

二、但依法領買或標購公產及向法院標購拍賣之不動產者，得按領買、標購公產、向法院標購價格核定契稅或依評定標準價格從低計課契稅。（契 13 I 但書）

三、不動產評價委員會組織，由財政部定之。（契 13 II）

附 註

契稅條例第 11 條

依法領買或標購公產及向法院標購拍賣之不動產者，仍應申報繳納契稅。

契稅之稅率（按契約種類不同，課徵不同比例之稅率）

一、契稅稅率如下（契3）

　　1. 買賣契稅爲其契價 6%。

　　2. 典權契稅爲其契價 4%。

　　3. 交換契稅爲其契價 2%。

　　4. 贈與契稅爲其契價 6%。

　　5. 分割契稅爲其契價 2%。

　　6. 占有契稅爲其契價 6%。

二、有關交換契稅的特別規定（契6）

　　1. 交換契稅，應由交換人估價立契，各就承受部分申報納稅。

　　2. 前項交換有給付差額價款者，其差額價款，應依買賣契稅稅率課徵。

三、抵繳契稅

　　先典後賣者，得以原納典權契稅額，抵繳買賣契稅。但以典權人與買主同屬一人者爲限。（契10）

四、他益信託不動產移轉應申報繳納贈與契稅

　　以不動產爲信託財產，受託人依信託本旨移轉信託財產與委託人以外之歸屬權利人時，應由歸屬權利人估價立契，依第16條規定之期限申報繳納贈與契稅。（契7-1）

附　註

1. 契稅之納稅義務人及稅率：

建物移轉情形	納稅義務人	稅率
買賣	買受人	6%
贈與	受贈人	6%
占有	占有人	6%
承典	典權人	4%
交換	交換人	2%
分割	分割人	2%

2. 不動產交換有差額時，如當事人未為補償，應報繳贈與稅。

案件

　　大寶與二寶兄弟倆要交換房子，大寶的房屋現值為7,000,000元，二寶的房屋現值為5,000,000元，若兄弟二人有償移轉其權利價值之差額，則大寶與二寶二人應納的契稅各為多少？

解析

一、大寶的房子由二寶取得，二寶為納稅義務人，其契稅額為

　　1. 契稅稅額（房屋現值部分）：

　＝契價 × 稅率

　＝ 5,000,000 元 ×2%（不動產交換契稅為 2%）

　＝ 100,000 元

2. 契稅稅額（交換差額部分 7,000,000 元－5,000,000 元＝ 2,000,000 元）：

　＝契價差額 × 稅率（交換有給付差額價款者，其差額價款，應依買賣契稅稅率 6% 課徵）

　＝ 2,000,000 元 ×6%

　＝ 120,000 元

3. 合計應納契稅：

　100,000 元＋ 120,000 元＝ 220,000 元

二、二寶的房子由大寶取得，大寶為納稅義務人，其應納的契稅為

　＝ 5,000,000 元 ×2%

　＝ 100,000 元（不動產交換契稅為 2%）

契稅之免徵

一、在開徵土地增值稅區域之土地，免徵契稅。（契 2）

二、有下列情形之一者，免徵契稅：（契 14）

1. 各級政府機關、地方自治團體、公立學校因公使用而取得之不動產。但供營業用者，不適用之。

2. 政府經營之郵政事業，因業務使用而取得之不動產。

3. 政府因公務需要，以公有不動產交換，或因土地重劃而

交換不動產取得所有權者。

4. 建築物於建造完成前，變更起造人名義者。但依第 12 條第 2 項規定應申報納稅者，不適用之。

5. 建築物於建造完成前，其興建中之建築工程讓與他人繼續建造未完工部分，因而變更起造人名義爲受讓人，並以該受讓人爲起造人名義取得使用執照者。

三、依規定免稅者，應填具契稅免稅申請書，並檢附契約及有關證件，向主管稽徵機關聲請發給契稅免稅證明書，以憑辦理權利變更登記。（契 15）

附 註

起造人變更共分爲下列三種情形：

1. 單純起造人變更（非因買賣、交換或贈與而變更起造人）免徵契稅。如更名或繼承。

2. 因買賣、交換或贈與而變更起造人應課徵契稅。

3. 建築工程讓與他人繼續完工而變更起造人免徵契稅。

信託移轉

一、應課徵契稅情形

以不動產爲信託財產，受託人依信託本旨移轉信託財產與委

託人以外之歸屬權利人時，應由歸屬權利人估價立契，依第 16
條規定之期限申報繳納贈與契稅。（契 7-1）

二、不課徵契稅情形（契 14-1）

不動產為信託財產者，於下列各款信託關係人間移轉所有
權，不課徵契稅：

1. 因信託行為成立，委託人與受託人間。
2. 信託關係存續中受託人變更時，原受託人與新受託人間。
3. 信託契約明定信託財產之受益人為委託人者，信託關係
   消滅時，受託人與受益人間。
4. 因遺囑成立之信託，於信託關係消滅時，受託人與受益
   人間。
5. 因信託行為不成立、無效、解除或撤銷，委託人與受託
   人間。

契稅之稽徵

一、契稅之申報及起算日（契 16）

1. 納稅義務人應於不動產買賣、承典、交換、贈與及分割
   契約成立之日起，或因占有而依法申請為所有人之日起
   30 日內，填具契稅申報書表，檢附公定格式契約書及有
   關文件，向當地主管稽徵機關申報契稅。
2. 但未辦建物所有權第一次登記之房屋買賣、交換、贈
   與、分割，應由雙方當事人共同申報。

3. 下列情形之申報起算日如下：

　(1)不動產移轉發生糾紛時，其申報契稅之起算日期，應以法院判決確定日為準。

　(2)向政府機關標購或領買公產，以政府機關核發產權移轉證明書之日為申報起算日。

　(3)向法院標購拍賣之不動產，以法院發給權利移轉證明書之日為申報起算日。

　(4)建築物於建造完成前，因買賣、交換、贈與，以承受人為建造執照原始起造人或中途變更起造人名義並取得使用執照者，以主管建築機關核發使用執照之日起滿 30 日為申報起算日。

二、查定稅額

1. 主管稽徵機關收到納稅義務人之契稅申報書表暨所附證件，應即填給收件清單，加蓋機關印信及經手人名章，交付納稅義務人執存。（契 17）

2. 主管稽徵機關收到納稅義務人契稅申報案件，應於 15 日內審查完竣，查定應納稅額，發單通知納稅義務人依限繳納。（契 18 Ⅰ）

3. 主管稽徵機關對納稅義務人所檢送表件，如認為有欠完備或有疑問時，應於收件後 7 日內通知納稅義務人補正或說明。（契 18 Ⅱ）

三、繳納稅款

　　納稅義務人應於稽徵機關核定繳款書送達後 30 日內繳納。
（契 19）

四、建物登記

　　凡因不動產之買賣、承典、交換、贈與、分割及占有而辦理
所有權登記者，地政機關應憑繳納契稅收據、免稅證明書或同意
移轉證明書，辦理權利變更登記。（契 23）

契稅之罰則

一、逾期申報加徵怠報金

　　納稅義務人不依規定期限申報者，每逾 3 日，加徵應納稅
額 1% 之怠報金，最高以應納稅額爲限。但不得超過新臺幣 1 萬
5,000 元。（契 24）

二、逾期繳納加徵滯納金

　　納稅義務人不依規定期限繳納稅款者，每逾 2 日，加徵應納
稅額 1% 之滯納金；逾期 30 日仍不繳納稅款及滯納金或前條之
怠報金者，移送法院強制執行。（契 25）

三、免徵怠報金及滯納金之情形

　　在規定申報繳納契稅期間，因不可抗力致不能如期申報或繳
納者，應於不可抗力之原因消滅後 10 日內，聲明事由，經查明
屬實，免予加徵怠報金或滯納金。（契 30）

四、匿報或短報

納稅義務人應納契稅，匿報或短報，經主管稽徵機關查得，或經人舉發查明屬實者，除應補繳稅額外，並加處以應納稅額 1 倍以上 3 倍以下之罰鍰。（契 26）

五、獎勵規定（檢舉獎金）（契 32）

1. 告發或檢舉納稅義務人逃漏、匿報、短報或以其他不正當之行為逃稅者，稽徵機關得以罰鍰 20% 獎給舉發人，並為舉發人絕對保守秘密。

2. 前項告發或檢舉獎金，稽徵機關應於收到罰鍰後 3 日內，通知原檢舉人，限期領取。

3. 公務員為舉發人時，不適用本條獎金之規定。

第六章

遺產稅

遺產稅之意義

一、遺產稅係對被繼承人死亡時，就其所遺留之財產所課徵之租
　　稅。又以死亡為課徵之要件，故亦稱為「死亡稅」。

二、遺產稅的課徵除財政目的外，亦有財富平均分配的社會目
　　的。

遺產稅之課稅範圍（對象）——屬人主義兼採屬地主義

一、屬人主義

　　1. 凡經常居住中華民國境內之中華民國國民死亡時遺有財
　　　產者，應就其在中華民國境內境外全部遺產，依本法規
　　　定，課徵遺產稅。（遺 1 Ⅰ）

　　2. 本法稱經常居住中華民國境內，係指被繼承人或贈與人
　　　有下列情形之一：（遺 4 Ⅲ）

　　　⑴死亡事實或贈與行為發生前 2 年內，在中華民國境內
　　　　有住所者。

　　　⑵在中華民國境內無住所而有居所，且在死亡事實或贈
　　　　與行為發生前 2 年內，在中華民國境內居留時間合計
　　　　逾 365 天者。但受中華民國政府聘請從事工作，在中
　　　　華民國境內有特定居留期限者，不在此限。

　　3. 死亡事實或贈與行為發生前 2 年內，被繼承人或贈與人自
　　　願喪失中華民國國籍者，仍應依本法關於中華民國國民
　　　之規定，課徵遺產稅或贈與稅。（遺 3-1）

二、屬地主義

　　1. 經常居住中華民國境外之中華民國國民，及非中華民國國民，死亡時在中華民國境內遺有財產者，應就其在中華民國境內之遺產，依本法規定，課徵遺產稅。（遺1Ⅱ）

　　2. 所稱經常居住中華民國境外，係指不合前項經常居住中華民國境內規定者而言。（遺4Ⅳ）

三、信託財產應課徵遺產稅（遺3-2）

　　1. 因遺囑成立之信託，於遺囑人死亡時，其信託財產應依本法規定，課徵遺產稅。

　　2. 信託關係存續中受益人死亡時，應就其享有信託利益之權利未領受部分，依本法規定課徵遺產稅。

財產之認定與價值之估算

一、財產範圍

　　本法稱財產，指動產、不動產及其他一切有財產價值之權利。（遺4Ⅰ）

二、財產認定（境內、境外財產所在地認定原則）（遺9）

　　1. 第1條及第3條所稱中華民國境內或境外之財產，按被繼承人死亡時之財產所在地認定之：

　　　⑴動產、不動產及附著於不動產之權利，以動產或不動產之所在地為準。但船舶、車輛及航空器，以其船

　　　　籍、車輛或航空器登記機關之所在地為準。

　　(2)礦業權，以其礦區或礦場之所在地為準。

　　(3)漁業權，以其行政管轄權之所在地為準。

　　(4)專利權、商標權、著作權及出版權，以其登記機關之
　　　　所在地為準。

　　(5)其他營業上之權利，以其營業所在地為準。

　　(6)金融機關收受之存款及寄託物，以金融機關之事務所
　　　　或營業所所在地為準。

　　(7)債權，以債務人經常居住之所在地或事務所或營業所
　　　　所在地為準。

　　(8)公債、公司債、股權或出資，以其發行機關或被投資
　　　　事業之主事務所所在地為準。

　　(9)有關信託之權益，以其承受信託事業之事務所或營業
　　　　所所在地為準。

　2. 前列各款以外之財產，其所在地之認定有疑義時，由財
　　政部核定之。

三、財產價值的計算

　1. 遺產及贈與財產價值之計算，以被繼承人死亡時或贈與
　　人贈與時之時價為準；被繼承人如係受死亡之宣告者，
　　以法院宣告死亡判決內所確定死亡日之時價為準。（遺
　　10Ⅰ）

　2. 第 1 項所稱時價，土地以公告土地現值或評定標準價格為

準；房屋以評定標準價格為準；其他財產時價之估定，本
法未規定者，由財政部定之。（遺 10 III）

3. 信託利益應課徵遺產稅之價值計算：（遺 10-1）

依第 3 條之 2 第 2 項規定應課徵遺產稅之權利，其價值
之計算，依下列規定估定之：

(1)享有全部信託利益之權利者，該信託利益為金錢時，
以信託金額為準，信託利益為金錢以外之財產時，以
受益人死亡時信託財產之時價為準。

(2)享有孳息以外信託利益之權利者，該信託利益為金
錢時，以信託金額按受益人死亡時起至受益時止之期
間，依受益人死亡時郵政儲金匯業局一年期定期儲金
固定利率複利折算現值計算之；信託利益為金錢以外
之財產時，以受益人死亡時信託財產之時價，按受益
人死亡時起至受益時止之期間，依受益人死亡時郵政
儲金匯業局一年期定期儲金固定利率複利折算現值計
算之。

(3)享有孳息部分信託利益之權利者，以信託金額或受益
人死亡時信託財產之時價，減除依前款規定所計算之
價值後之餘額為準。但該孳息係給付公債、公司債、
金融債券或其他約載之固定利息者，其價值之計算，
以每年享有之利息，依受益人死亡時郵政儲金匯業局
一年期定期儲金固定利率，按年複利折算現值之總和
計算之。

⑷享有信託利益之權利為按期定額給付者，其價值之計算，以每年享有信託利益之數額，依受益人死亡時郵政儲金匯業局一年期定期儲金固定利率，按年複利折算現值之總和計算之；享有信託利益之權利為全部信託利益扣除按期定額給付後之餘額者，其價值之計算，以受益人死亡時信託財產之時價減除依前段規定計算之價值後之餘額計算之。

⑸享有前四款所規定信託利益之一部者，按受益比率計算之。

4. 車輛、船舶、航空器之價值計算：（遺細 26）

車輛、船舶、航空器之價值，以其原始成本減除合理折舊之餘額為準，其不能提出原始成本之證明或提出原始成本之證明而與事實顯不相符者，得按其年式及使用情形估定。

5. 債權之價值計算：（遺細 27）

債權之估價，以其債權額為其價額。其有約定利息者，應加計至被繼承人死亡日或贈與行為發生日止已經過期間之利息額。

6. 有價證券之價值計算：

⑴上市、上櫃或興櫃股票：（遺細 28）

A.凡已在證券交易所上市（以下簡稱上市）或證券商營業處所買賣（以下簡稱上櫃或興櫃）之有價證券，依繼承開始日或贈與日該項上市或上櫃有價證券之

收盤價或興櫃股票之當日加權平均成交價估定之。
但當日無買賣價格者，依繼承開始日或贈與日前
最後 1 日該項上市或上櫃有價證券之收盤價或興櫃
股票之加權平均成交價估定之，其價格有劇烈變動
者，則依其繼承開始日或贈與日前 1 個月內該項上
市或上櫃有價證券各日收盤價或興櫃股票各日加權
平均成交價之平均價格估定之。

B.有價證券初次上市或上櫃者，於其契約經證券主管
機關核准後至掛牌買賣前，或登錄為興櫃股票者，
於其契約經證券櫃檯買賣中心同意後至開始櫃檯買
賣前，應依該項證券之承銷價格或主辦輔導推薦證
券商認購之價格估定之。

(2)私募之有價證券：（遺細 28-1）

　A.公司依證券交易法規定私募之有價證券，繼承開始
日或贈與日，於上市、上櫃或興櫃有同種類之有價
證券買賣者，依下列方式估定之：

　　a. 繼承開始日或贈與日該公司上市或上櫃有價證券
當日收盤價與當日前 1 個月內各日收盤價之平均
價格，從低估定之；當日無買賣價格者，以繼承
開始日或贈與日前最後 1 日該有價證券之收盤價，
與該日前 1 個月內各日收盤價之平均價格，從低
估定之。但無前 1 個月內各日收盤價之平均價格
者，以繼承開始日或贈與日之收盤價估定之；繼

承開始日或贈與日無買賣價格者，以繼承開始日
或贈與日前最後 1 日之收盤價估定之。

b. 興櫃公司之私募股票，依繼承開始日或贈與日該
公司興櫃股票當日加權平均成交價與當日前 1 個
月內各日加權平均成交價之平均價格，從低估定
其價值；當日無買賣價格者，以繼承開始日或贈
與日前最後 1 日該興櫃股票加權平均成交價，與
該日前 1 個月內各日加權平均成交價之平均價格，
從低估定之。但無前 1 個月內各日加權平均成交
價之平均價格者，以繼承開始日或贈與日之加權
平均成交價估定之；繼承開始日或贈與日無買賣
價格者，以繼承開始日或贈與日前最後 1 日之加
權平均成交價估定之。

B. 未上市、未上櫃且非興櫃之股份有限公司私募普通
股股票，以繼承開始日或贈與日該公司資產淨值估
價，並依第 29 條第 1 項及第 2 項規定調整估價。

(3) 未上市、未上櫃且非興櫃之股票：（遺細 29）

A. 未上市、未上櫃且非興櫃之股份有限公司股票，除
第 28 條第 2 項規定情形外，應以繼承開始日或贈與
日該公司之資產淨值估定，並按下列情形調整估價：

a. 公司資產中之土地或房屋，其帳面價值低於公告
土地現值或房屋評定標準價格者，依公告土地現
值或房屋評定標準價格估價。

　　　b. 公司持有之上市、上櫃有價證券或興櫃股票，依
　　　　第 28 條規定估價。

　　B.前項所定公司，已擅自停業、歇業、他遷不明或有
　　　其他具體事證，足資認定其股票價值已減少或已無
　　　價值者，應核實認定之。

　　C.非股份有限公司組織之事業，其出資價值之估價，
　　　準用 A. 及 B. 規定。

7. 地上權之價值計算：（遺細 31）

　⑴地上權之設定有期限及年租者，其賸餘期間依下列標
　　準估定其價額：

　　A.賸餘期間在 5 年以下者，以 1 年地租額爲其價額。

　　B.賸餘期間超過 5 年至 10 年以下者，以 1 年地租額之
　　　2 倍爲其價額。

　　C.賸餘期間超過 10 年至 30 年以下者，以 1 年地租額
　　　之 3 倍爲其價額。

　　D.賸餘期間超過 30 年至 50 年以下者，以 1 年地租額
　　　之 5 倍爲其價額。

　　E.賸餘期間超過 50 年至 100 年以下者，以 1 年地租額
　　　之 7 倍爲其價額。

　　F. 賸餘期間超過 100 年者，以 1 年地租額之 10 倍爲其
　　　價額。

　⑵地上權之設定，未定有年限者，均以 1 年地租額之 7
　　倍爲其價額，但當地另有習慣者，得依其習慣決定其

　　賸餘年限。

　　⑶地上權之設定，未定有年租者，其年租按申報地價年息 4% 估定之。

　　⑷地上權之設定一次付租、按年加租或以一定之利益代租金者，應按其設定之期間規定其平均年租後，依第 1 項規定估定其價額。

8. 永佃權之價值計算：（遺細 32）

　　永佃權價值之計算，均依 1 年應納佃租額之 5 倍為標準。

9. 典權之價值計算：（遺細 33）

　　典權以典價為其價額。

10.定期年金之價值計算：（遺細 36）

　　定期年金之價值，就其未受領年數，依下列標準估計之：

　　⑴未領受年數在 1 年以下者，以 1 年年金額為其價額。

　　⑵未領受年數超過 1 年至 3 年以下者，以 1 年年金額之 2 倍為其價額。

　　⑶未領受年數超過 3 年至 5 年以下者，以 1 年年金額之 3 倍為其價額。

　　⑷未領受年數超過 5 年至 7 年以下者，以 1 年年金額之 4 倍為其價額。

　　⑸未領受年數超過 7 年至 9 年以下者，以 1 年年金額之 5 倍為其價額。

　　⑹未領受年數超過 9 年至 12 年以下者，以 1 年年金額之 6 倍為其價額。

⑺未領受年數超過 12 年至 16 年以下者，以 1 年年金額
之 7 倍爲其價額。

⑻未領受年數超過 16 年至 24 年以下者，以 1 年年金額
之 8 倍爲其價額。

⑼未領受年數超過 24 年至 100 年以下者，以 1 年年金額
之 9 倍爲其價額。

⑽未領受年數超過 100 年者，以 1 年年金額之 10 倍爲其
價額。

11.終身年金之價值計算：(遺細 38)

終身年金以給付人或受領人或第三人之終身爲付給之標
準者，其年金價值之計算方法，依下列標準估定之：

⑴年齡未滿 10 歲者，以 1 年年金額之 9 倍爲其價額。

⑵年齡 10 歲以上未滿 20 歲者，以 1 年年金額之 8 倍爲
其價額。

⑶年齡 20 歲以上未滿 30 歲者，以 1 年年金額之 7 倍爲
其價額。

⑷年齡 30 歲以上未滿 40 歲者，以 1 年年金額之 5 倍爲
其價額。

⑸年齡 40 歲以上未滿 50 歲者，以 1 年年金額之 3 倍爲
其價額。

⑹年齡 50 歲以上未滿 60 歲者，以 1 年年金額之 2 倍爲
其價額。

⑺年齡在 60 歲以上者，以 1 年年金額爲其價額。

遺產稅之納稅義務人

遺產稅之納稅義務人如下：（遺6）

一、遺囑執行人：有遺囑執行人者，爲遺囑執行人。

二、繼承人及受遺贈人：無遺囑執行人者，爲繼承人及受遺贈人。

三、選定遺產管理人：無遺囑執行人及繼承人者，爲依法選定遺產管理人。

四、指定遺產管理人：應選定遺產管理人，於死亡發生之日起6個月內未經選定呈報法院者，或因特定原因不能選定者，稽徵機關得依非訟事件法之規定，申請法院指定遺產管理人。

五、無人承認繼承之遺產：無人承認繼承之遺產，依法歸屬國庫；其應繳之遺產稅，由國庫依財政收支劃分法之規定分配之。（遺2）

附註

遺產及贈與稅法施行細則第4條

稽徵機關依本法第六條第二項得聲請法院核定遺產管理人者，應於申報期限屆滿後一個月內爲之，並同時聲請法院依民法第一千一百七十八條爲公示催告。遺產管理人亦應於就任後一個月內，向法院爲民法第一千一百七十九條第一項第三款之聲請。

遇有民法第一千一百八十五條情形時，前項遺產管理

人應於公示催告期限屆滿後二個月內，清償債務、交付遺贈物，並將賸餘財產連同有關簿冊、文件及計算書類報請主管稽徵機關及財政部國有財產署依第五十一條規定辦理。

遺產稅之稅基

一、遺產總額

1. 遺產總額應包括被繼承人死亡時依第 1 條規定之全部財產，及依第 10 條規定計算之價值。但第 16 條規定不計入遺產總額之財產，不包括在內。（遺 14）

2. 遺產稅按被繼承人死亡時，依本法規定計算之遺產總額，減除第 17 條、第 17 條之 1 規定之各項扣除額及第 18 條規定之免稅額後之課稅遺產淨額，依下列稅率課徵之：（遺 13）

   (1) 5,000 萬元以下者，課徵 10%。

   (2) 超過 5,000 萬元至 1 億元者，課徵 500 萬元，加超過 5,000 萬元部分之 15%。

   (3) 超過 1 億元者，課徵 1,250 萬元，加超過 1 億元部分之 20%。

二、擬制遺產——計入遺產總額（視為遺產之贈與）（遺
　15 Ⅰ）

　　1. 被繼承人死亡前 2 年內贈與下列個人之財產，應於被繼承
　　　人死亡時，視為被繼承人之遺產，併入其遺產總額，依
　　　本法規定徵稅：

　　　⑴被繼承人之配偶。

　　　⑵被繼承人依民法第 1138 條及第 1140 條規定之各順序
　　　　繼承人。

　　　⑶前款各順序繼承人之配偶。

　　2. 被繼承人死亡前 2 年內贈與之財產，依第 15 條之規定
　　　併入遺產課徵遺產稅者，應將已納之贈與稅與土地增值
　　　稅連同按郵政儲金匯業局一年期定期存款利率計算之利
　　　息，自應納遺產稅額內扣抵。但扣抵額不得超過贈與財
　　　產併計遺產總額後增加之應納稅額。（遺 11 Ⅱ）

　　3. 本法第 11 條第 2 項所稱被繼承人死亡前 2 年內贈與之財
　　　產，應包括 2 年內依本法第 22 條規定免稅贈與之財產。
　　　（遺細 6）

三、不計入遺產總額

　　1. 下列各款不計入遺產總額：（遺 16）

　　　⑴遺贈人、受遺贈人或繼承人捐贈各級政府及公立教
　　　　育、文化、公益、慈善機關之財產。

　　　⑵遺贈人、受遺贈人或繼承人捐贈公有事業機構或全部

公股之公營事業之財產。

(3)遺贈人、受遺贈人或繼承人捐贈於被繼承人死亡時，已依法登記設立為財團法人組織且符合行政院規定標準之教育、文化、公益、慈善、宗教團體及祭祀公業之財產。

附　註

遺產及贈與稅法施行細則第 7 條

　　依本法第十六條第一款至第三款規定不計入遺產總額之遺產，納稅義務人於申報遺產稅時，應檢具受遺贈人或受贈人同意受遺贈或受贈之證明列報主管稽徵機關核發不計入遺產總額證明書。

　　前項捐贈之財產，其為不動產者，納稅義務人未於主管稽徵機關核發不計入遺產總額證明書之日起一年內辦妥產權移轉登記；其為動產者，未於三個月內交付與受遺贈人或受贈人者，除有特殊原因，報經主管稽徵機關核准延期者外，應依法補徵遺產稅。

　　前項補徵稅款，應自原核定應納稅額繳納期間屆滿之次日起，至填發本次遺產稅補繳稅款繳納通知書之日止，依各年度一月一日郵政儲金一年期定期儲金固定利率，按日加計利息；原核定為免稅者，自核發不計入遺產總額證明書之次日起算加計利息。

⑷遺產中有關文化、歷史、美術之圖書、物品，經繼承人向主管稽徵機關聲明登記者。但繼承人將此項圖書、物品轉讓時，仍須自動申報補稅。

附註

遺產及贈與稅法施行細則第9條

依本法第十六條第四款規定聲明登記之圖書物品，欲為轉讓時，應先報明主管稽徵機關依法補徵遺產稅。

主管稽徵機關對於前項聲明登記之圖書物品，應設置登記簿登記之，必要時並得拍照存查。

⑸被繼承人自己創作之著作權、發明專利權及藝術品。

⑹被繼承人日常生活必需之器具及用品，其總價值在72萬元以下部分。

⑺被繼承人職業上之工具，其總價值在40萬元以下部分。

⑻依法禁止或限制採伐之森林。但解禁後仍須自動申報補稅。

⑼約定於被繼承人死亡時，給付其所指定受益人之人壽保險金額、軍、公教人員、勞工或農民保險之保險金額及互助金。

⑽被繼承人死亡前5年內，繼承之財產已納遺產稅者。

⑾被繼承人配偶及子女之原有財產或特有財產，經辦理登記或確有證明者。

⑿被繼承人遺產中經政府闢為公眾通行道路之土地或其他無償供公眾通行之道路土地，經主管機關證明者。但其屬建造房屋應保留之法定空地部分，仍應計入遺產總額。

⒀被繼承人之債權及其他請求權不能收取或行使確有證明者。

附 註

遺產及贈與稅法施行細則第 9 條之 1

　　本法第十六條第十三款所稱債權及其他請求權不能收取或行使確有證明者，指下列各款情形：

一、債務人經依破產法和解、破產、依消費者債務清理條例更生、清算或依公司法聲請重整，致債權全部或一部不能取償，經取具和解契約或法院裁定書。

二、被繼承人或繼承人與債務人於法院成立訴訟上和解或調解，致債權全部或一部不能收取，經取具法院和解或調解筆錄，且無本法第五條第一款規定之情事，經稽徵機關查明屬實。

三、其他原因致債權或其他請求權之一部或全部不能收取或行使，經取具證明文件，並經稽徵機關查明屬實。

2. 遺贈人、受遺贈人或繼承人提供財產，捐贈或加入於被
繼承人死亡時已成立之公益信託並符合下列各款規定
者，該財產不計入遺產總額：（遺 16-1）
  ⑴受託人爲信託業法所稱之信託業。
  ⑵各該公益信託除爲其設立目的舉辦事業而必須支付之
  費用外，不以任何方式對特定或可得特定之人給予特
  殊利益。
  ⑶信託行爲明定信託關係解除、終止或消滅時，信託財
  產移轉於各級政府、有類似目的之公益法人或公益信
  託。
3. 被繼承人日常生活必需之器具及用具、職業上之工具，
不計入遺產總額之金額。每遇消費者物價指數較上次調
整之指數累計上漲達 10% 以上時，自次年起按上漲程度
調整之。調整金額以萬元爲單位，未達萬元者按千元數
四捨五入（遺 12-1）。自民國 103 年起，被繼承人日常
生活必需之器具及用具之金額調整至 89 萬元、職業上之
工具調整至 50 萬元。

遺產稅不計入遺產總額調整表（103 年 1 月 1 日以後適用）

項目	調整前	按物價指數調後之金額
被繼承人日常生活必需之器具及用具	80 萬元	89 萬元
職業上之工具	45 萬元	50 萬元

四、扣除額（遺 17）

1. 下列各款，應自遺產總額中扣除，免徵遺產稅：

　⑴被繼承人遺有配偶者，自遺產總額中扣除 400 萬元。

　⑵繼承人為直系血親卑親屬者，每人得自遺產總額中扣除 40 萬元。其有未成年者，並得按其年齡距屆滿成年之年數，每年加扣 40 萬元。但親等近者拋棄繼承由次親等卑親屬繼承者，扣除之數額以拋棄繼承前原得扣除之數額為限。

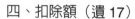

遺產及贈與稅法施行細則第 10 條之 1

　　本法第十七條第一項第二款及第五款所稱距屆滿成年之年數，不滿一年或餘數不滿一年者，以一年計算。

(3)被繼承人遺有父母者，每人得自遺產總額中扣除 100 萬元。

(4)第 (1) 款至第 (3) 款所定之人如為身心障礙者權益保障法規定之重度以上身心障礙者，或精神衛生法規定之嚴重病人，每人得再加扣 500 萬元。

遺產及贈與稅法施行細則第 10 條之 2

　　依本法第十七條第一項第四款規定申報身心障礙特別扣除額者，應檢附社政主管機關核發之重度以上身心障礙手冊或身心障礙證明影本，或精神衛生法第十九條第一項規定之專科醫師診斷證明書影本。

(5)被繼承人遺有受其扶養之兄弟姊妹、祖父母者，每人得自遺產總額中扣除 40 萬元；其兄弟姊妹中有未成年者，並得按其年齡距屆滿成年之年數，每年加扣 40 萬元。

遺產及贈與稅法施行細則第 10 條之 1

　　本法第十七條第一項第二款及第五款所稱距屆滿成年之年數，不滿一年或餘數不滿一年者，以一年計算。

⑹遺產中作農業使用之農業用地及其地上農作物，由繼承人或受遺贈人承受者，扣除其土地及地上農作物價值之全數。承受人自承受之日起 5 年內，未將該土地繼續作農業使用且未在有關機關所令期限內恢復作農業使用，或雖在有關機關所令期限內已恢復作農業使用而再有未作農業使用情事者，應追繳應納稅賦。但如因該承受人死亡、該承受土地被徵收或依法變更為非農業用地者，不在此限。

⑺被繼承人死亡前 6 年至 9 年內，繼承之財產已納遺產稅者，按年遞減扣除 80%、60%、40% 及 20%。

⑻被繼承人死亡前，依法應納之各項稅捐、罰鍰及罰金。

⑼被繼承人死亡前，未償之債務，具有確實之證明者。

⑽被繼承人之喪葬費用，以 100 萬元計算。

⑾執行遺囑及管理遺產之直接必要費用。

2. 被繼承人如為經常居住中華民國境外之中華民國國民，或非中華民國國民者，不適用前項第⑴款至第⑺款之規定；前項第⑻款至第⑾款規定之扣除，以在中華民國境內發生者為限；繼承人中拋棄繼承權者，不適用前項第⑴款至第⑸款規定之扣除。

3. 被繼承人之配偶、直系血親卑親屬、父母、兄弟姊妹、祖父母扣除額、喪葬費扣除額及身心障礙特別扣除額。每遇消費者物價指數較上次調整之指數累計上漲達 10% 以上時，自次年起按上漲程度調整之。調整金額以萬元

為單位，未達萬元者按千元數四捨五入（遺 12-1）。自民國 103 年起，被繼承人配偶扣除額之金額調整至 493 萬元、直系血親卑親屬扣除額之金額調整至每人 50 萬元、父母扣除額之金額調整至 123 萬元、兄弟姊妹及祖父母扣除額之金額調整至每人 50 萬元、喪葬費扣除額之金額調整至 123 萬元及身心障礙特別扣除額之金額調整至 618 萬元。

附註

遺產稅扣除額調整表（103 年 1 月 1 日以後適用）

項目	調整前	按物價指數調後之金額
配偶扣除額	445 萬元	493 萬元
直系血親卑親屬扣除額	45 萬元	50 萬元
父母扣除額	111 萬元	123 萬元
受扶養之兄弟姊妹扣除額	45 萬元	50 萬元
受扶養之祖父母扣除額	45 萬元	50 萬元
喪葬費扣除額	111 萬元	123 萬元
身心障礙特別扣除額	557 萬元	618 萬元

遺產及贈與稅法施行細則第 10 條之 3

本法第十七條第一項第五款所稱受扶養之兄弟姊妹、祖父母係指：

一、被繼承人之兄弟姊妹未成年，或已成年而因在校就

學，或因身心障礙，或因無謀生能力，受被繼承人
扶養者。

二、被繼承人之祖父母年滿六十歲，或未滿六十歲而無
謀生能力，受被繼承人扶養者。

4. 夫妻剩餘財產差額分配請求權扣除額：(遺 17-1)

　(1)被繼承人之配偶依民法第 1030 條之 1 規定主張配偶剩
　　餘財產差額分配請求權者，納稅義務人得向稽徵機關
　　申報自遺產總額中扣除。

　(2)納稅義務人未於稽徵機關核發稅款繳清證明書或免稅
　　證明書之日起 1 年內，給付該請求權金額之財產予被
　　繼承人之配偶者，稽徵機關應於前述期間屆滿之翌日
　　起 5 年內，就未給付部分追繳應納稅賦。

附 註

遺產及贈與稅法施行細則相關規定

第 11 條之 1

　　依本法第十七條之一第一項規定經核准自遺產總額中扣
除之配偶剩餘財產差額分配請求權，納稅義務人未於同條第
二項所定期間內給付該請求權金額之財產予被繼承人之配偶
者，除有特殊原因，報經主管稽徵機關核准延期外，應依
法補徵遺產稅。

前項補徵稅款，應自原核定應納稅額繳納期間屆滿之次日起，至填發本次遺產稅補繳稅款繳納通知書之日止，依各年度一月一日郵政儲金一年期定期儲金固定利率，按日加計利息；原核定為免稅者，自核發免稅證明書之次日起算加計利息。

第 40 條之 1

納稅義務人於本法第十七條之一第二項規定之一年期間內，給付被繼承人配偶之財產為遺產者，其價值之計算，應以該項財產核課遺產稅之價值為準；給付之財產為遺產以外之財產者，其價值之計算，以給付日為準，並準用有關遺產之估價規定辦理。

五、免稅額

1. 被繼承人如為經常居住中華民國境內之中華民國國民，自遺產總額中減除免稅額 1,200 萬元；其為軍警公教人員因執行職務死亡者，加倍計算。（遺 18 Ⅰ）

附 註

依財政部 110 年 11 月 24 日台財稅字第 11004670210 號公告 111 年發生之繼承或贈與案件，應適用遺產及贈與稅法第 12 條之 1 第 1 項各款所列之金額，遺產稅免稅額調整為 1,333 萬元。

2. 被繼承人如為經常居住中華民國境外之中華民國國民，或非中華民國國民，其減除免稅額比照前項規定辦理。（遺 18 II）

3. 被繼承人為軍、警、公教人員，因執行任務死亡，而依本法第 18 條第 1 項後段加倍減除其免稅額者，繼承人應提出被繼承人死亡時，服務機關出具之執行任務死亡證明書。（遺細 15）

遺產稅之稅率

一、稅率結構（遺 13）

遺產稅按被繼承人死亡時，依本法規定計算之遺產總額，減除第 17 條、第 17 條之 1 規定之各項扣除額及第 18 條規定之免稅額後之課稅遺產淨額，依下列稅率課徵之：

1. 5,000 萬元以下者，課徵 10%。

2. 超過 5,000 萬元至 1 億元者，課徵 500 萬元，加超過 5,000 萬元部分之 15%。

3. 超過 1 億元者，課徵 1,250 萬元，加超過 1 億元部分之 20%。

案件

志明死亡時，遺有 2 筆土地（一筆為 200 平方公尺，公告現值為 30,000 元／平方公尺；另一筆為 500 平方公尺，公告現

值為 25,000 元／平方公尺），房屋 1 棟（房屋評定標準價格為
800,000 元），銀行存款 4,000,000 元，還留有現金 50,000 元，
全部由其配偶春嬌及成年子女大寶、二寶、三寶及四寶共同繼
承，則其應納遺產稅為多少？

解析

一、遺產總額

$$= （30,000 元 \times 200m^2） + （25,000 元 \times 500m^2） + 800,000$$
$$元 + 4,000,000 元 + 50,000 元$$
$$= 23,350,000 元$$

二、免稅額：13,330,000 元

三、扣除額

1. 配偶扣除額：4,930,000 元

2. 直系血親卑親屬扣除額：

$$= 500,000 元 \times 4 人$$
$$= 2,000,000 元$$

3. 喪葬費扣除額：1,230,000 元

四、遺產淨額

$$= 遺產總額 - 免稅額 - 扣除額$$
$$= 23,350,000 元 - 13,330,000 元 - （4,930,000 元 + 2,000,000$$
$$元 + 1,230,000 元）$$
$$= 1,860,000 元$$

五、應納遺產稅額
　＝遺產淨額 × 稅率－累進差額－扣抵稅額及利息
　＝ 1,860,000 元 ×10%－0－0
　＝ 186,000 元　　　　　　　　　　　　　●●●

二、物價指數連動法（遺 12-1）
　1. 本法規定之下列各項金額，每遇消費者物價指數較上次
　　 調整之指數累計上漲達 10% 以上時，自次年起按上漲程
　　 度調整之。調整金額以萬元為單位，未達萬元者按千元
　　 數四捨五入：
　　⑴免稅額。
　　⑵課稅級距金額。
　　⑶被繼承人日常生活必需之器具及用具、職業上之工
　　　具，不計入遺產總額之金額。
　　⑷被繼承人之配偶、直系血親卑親屬、父母、兄弟姊
　　　妹、祖父母扣除額、喪葬費扣除額及身心障礙特別扣
　　　除額。
　2. 財政部於每年 12 月底前，應依據前項規定，計算次年發
　　 生之繼承或贈與案件所應適用之各項金額後公告之。所
　　 稱消費者物價指數，指行政院主計總處公布，自前一年
　　 11 月起至該年 10 月底為止 12 個月平均消費者物價指數。

三、稅課收入撥入長照服務之特種基金
　本法中華民國 106 年 4 月 25 日修正之條文施行後，依第 13

條及第 19 條第 1 項規定稅率課徵之遺產稅及贈與稅，屬稅率超過 10% 至 20% 以內之稅課收入，撥入依長期照顧服務法設置之特種基金，用於長期照顧服務支出，不適用財政收支劃分法之規定。（遺 58-2）

遺產稅之扣抵（遺 11）

一、死亡前二年內贈與之財產已納贈與稅與土地增值稅

被繼承人死亡前 2 年內贈與之財產，依第 15 條之規定併入遺產課徵遺產稅者，應將已納之贈與稅與土地增值稅連同按郵政儲金匯業局一年期定期存款利率計算之利息，自應納遺產稅額內扣抵。但扣抵額不得超過贈與財產併計遺產總額後增加之應納稅額。

二、國外之遺產已納外國遺產稅

國外財產依所在地國法律已納之遺產稅或贈與稅，得由納稅義務人提出所在地國稅務機關發給之納稅憑證，併應取得所在地中華民國使領館之簽證；其無使領館者，應取得當地公定會計師或公證人之簽證，自其應納遺產稅或贈與稅額中扣抵。但扣抵額不得超過因加計其國外遺產而依國內適用稅率計算增加之應納稅額。

志明於死亡前六年繼承下列 2 筆已納遺產稅之土地：

1. 土地面積 2,000 平方公尺，死亡時公告土地現值 1000 元

／平方公尺。

2. 土地面積 1,500 平方公尺，死亡時公告土地現值 20,000 元／平方公尺。

另外志明自己在死亡前五年購買一筆建地（面積 250 平方公尺，志明死亡時，該筆土地公告現值 50,000 元／平方公尺），再於死亡前二年購買土地 1 筆及其地上房屋 1 棟（土地面積 120 平方公尺，死亡時公告現值 35,000 ／平方公尺；房屋評定標準價格為 800,000 元），志明死亡時亦留有現金 2,500,000 元，所有遺產皆由大寶及二寶按應繼分繼承之。試問其繼承人於法定期限內申報遺產稅，其遺產總額、扣除額、免稅額、遺產淨額及應納遺產稅額各為何？

解析

一、遺產總額

$= （1000 元 \times 2,000m^2）+（20,000 元 \times 1,500m^2）+（50,000 元 \times 250m^2）+（35,000 元 \times 120m^2 + 800,000 元）+ 2,500,000 元$

$= 2,000,000 元 + 30,000,000 元 + 12,500,000 元 + 5,000,000 元 + 2,500,000 元$

$= 52,000,000 元$

二、免稅額：13,330,000 元

三、扣除額

1. 直系血親卑親屬扣除額：

$$= 500,000 \,元 \times 2 \,人$$

$$= 1,000,000 \,元$$

2. 死亡前 6 年內繼承財產之扣除額：

$$= \left[\, (1000 \,元 \times 2,000 m^2) + (20,000 \,元 \times 1,500 m^2) \, \right]$$

$$\times 80\%$$

$$= 32,000,000 \,元 \times 80\%$$

$$= 25,600,000 \,元$$

3. 喪葬費扣除額：

$$= 1,230,000 \,元$$

4. 扣除額合計：

$$= 1,000,000 \,元 + 25,600,000 \,元 + 1,230,000 \,元$$

$$= 27,830,000 \,元$$

四、遺產淨額

$$= 遺產總額 - 免稅額 - 扣除額$$

$$= 52,000,000 \,元 - 13,330,000 \,元 - 27,830,000 \,元$$

$$= 10,840,000 \,元$$

五、應納遺產稅額

$$= 遺產淨額 \times 稅率 - 累進差額 - 扣抵稅額及利息$$

$$= 10,840,000 \,元 \times 10\% - 0 - 0$$

$$= 1,084,000 \,元$$

信託財產之遺產稅課徵

一、課徵條件（遺 3-2）

1. 因遺囑成立之信託，於遺囑人死亡時，其信託財產應依本法規定，課徵遺產稅。
2. 信託關係存續中受益人死亡時，應就其享有信託利益之權利未領受部分，依本法規定課徵遺產稅。

二、權利價值計算（遺 10-1）

依第 3 條之 2 第 2 項規定應課徵遺產稅之權利，其價值之計算，依下列規定估定之：

1. 享有全部信託利益之權利者，該信託利益為金錢時，以信託金額為準，信託利益為金錢以外之財產時，以受益人死亡時信託財產之時價為準。
2. 享有孳息以外信託利益之權利者，該信託利益為金錢時，以信託金額按受益人死亡時起至受益時止之期間，依受益人死亡時郵政儲金匯業局一年期定期儲金固定利率複利折算現值計算之；信託利益為金錢以外之財產時，以受益人死亡時信託財產之時價，按受益人死亡時起至受益時止之期間，依受益人死亡時郵政儲金匯業局一年期定期儲金固定利率複利折算現值計算之。
3. 享有孳息部分信託利益之權利者，以信託金額或受益人死亡時信託財產之時價，減除依前款規定所計算之價值後之餘額為準。但該孳息係給付公債、公司債、金融債

券或其他約載之固定利息者，其價值之計算，以每年享有之利息，依受益人死亡時郵政儲金匯業局一年期定期儲金固定利率，按年複利折算現值之總和計算之。

4. 享有信託利益之權利爲按期定額給付者，其價值之計算，以每年享有信託利益之數額，依受益人死亡時郵政儲金匯業局一年期定期儲金固定利率，按年複利折算現值之總和計算之；享有信託利益之權利爲全部信託利益扣除按期定額給付後之餘額者，其價值之計算，以受益人死亡時信託財產之時價減除依前段規定計算之價值後之餘額計算之。

5. 享有前四款所規定信託利益之一部者，按受益比率計算之。

三、不計入遺產總額（遺 16-1）

遺贈人、受遺贈人或繼承人提供財產，捐贈或加入於被繼承人死亡時已成立之公益信託並符合下列各款規定者，該財產不計入遺產總額：

1. 受託人爲信託業法所稱之信託業。

2. 各該公益信託除爲其設立目的舉辦事業而必須支付之費用外，不以任何方式對特定或可得特定之人給予特殊利益。

3. 信託行爲明定信託關係解除、終止或消滅時，信託財產移轉於各級政府、有類似目的之公益法人或公益信託。

遺產稅之稽徵

一、通知申報

1. 戶籍機關受理死亡登記後，應即將死亡登記事項副本抄送稽徵機關。（遺 37）

2. 稽徵機關於查悉死亡事實或接獲死亡報告後，應於 1 個月內填發申報通知書，檢附遺產稅申報書表，送達納稅義務人，通知依限申報，並於限期屆滿前 10 日填具催報通知書，提示逾期申報之責任，加以催促。（遺 28 Ⅰ）

3. 前項通知書應以明顯之文字，載明民法限定繼承及拋棄繼承之相關規定。納稅義務人不得以稽徵機關未發第 1 項通知書，而免除本法規定之申報義務。（遺 28 Ⅱ、Ⅲ）

二、申報期限及管轄機關

1. 被繼承人死亡遺有財產者，納稅義務人應於被繼承人死亡之日起 6 個月內，向戶籍所在地主管稽徵機關依本法規定辦理遺產稅申報。但依第 6 條第 2 項規定由稽徵機關申請法院指定遺產管理人者，自法院指定遺產管理人之日起算。（遺 23 Ⅰ）

2. 被繼承人為經常居住中華民國境外之中華民國國民或非中華民國國民死亡時，在中華民國境內遺有財產者，應向中華民國中央政府所在地之主管稽徵機關辦理遺產稅申報。（遺 23 Ⅱ）

3. 遺產稅或贈與稅納稅義務人具有正當理由不能如期申報

者，應於前三條規定限期屆滿前，以書面申請延長之。
（遺26Ⅰ）

4. 前項申請延長期限以3個月爲限。但因不可抗力或其他有特殊之事由者，得由稽徵機關視實際情形核定之。（遺26Ⅱ）

附 註

遺產及贈與稅法施行細則相關規定

第20條

　　被繼承人死亡時遺有財產者，不論有無應納稅額，納稅義務人均應填具遺產稅申報書向主管稽徵機關據實申報。其有依本法規定之減免扣除或不計入遺產總額者，應檢同有關證明文件一併報明。

　　贈與稅納稅義務人辦理贈與稅申報時，應填具贈與稅申報書，檢同有關證明文件，據實申報。

第21條

　　本法第二十三條規定之遺產稅申報期間，如被繼承人爲受死亡之宣告者，應自判決宣告之日起計算。

第21條之1

　　被繼承人死亡後始經法院判決確定爲其所有之財產，遺產稅之納稅義務人應自判決確定之日起六個月內補申報遺產稅。

第 21 條之 2

　　本法第十九條、第二十四條及第二十五條所稱一年內，係按曆年制計算。

第 22 條

　　遺產稅納稅義務人為二人以上時，應由其全體會同申報，未成年人或受監護宣告之人應由其法定代理人代為申報。但納稅義務人一人出面申報者，視同全體已申報。

　　稽徵機關核定之納稅通知書應送達於出面申報之人，如對出面申報人無法送達時，得送達於其他納稅義務人。

　　遺產稅應納稅額、滯納金、罰鍰及應加徵之利息，在不超過遺產總額範圍內，仍得對遺產及已受納稅通知確定之繼承人之財產執行之。

三、決定稅額及通知繳納

　　稽徵機關應於接到遺產稅或贈與稅申報書表之日起 2 個月內，辦理調查及估價，決定應納稅額，繕發納稅通知書，通知納稅義務人繳納；其有特殊情形不能在 2 個月內辦竣者，應於限期內呈准上級主管機關核准延期。（遺 29）

四、繳納與抵繳稅款（遺 30）

　　1. 遺產稅及贈與稅納稅義務人，應於稽徵機關送達核定納稅通知書之日起 2 個月內，繳清應納稅款；必要時，得於限期內申請稽徵機關核准延期 2 個月。

2. 遺產稅或贈與稅應納稅額在 30 萬元以上，納稅義務人確有困難，不能一次繳納現金時，得於納稅期限內，向該管稽徵機關申請，分 18 期以內繳納，每期間隔以不超過 2 個月為限。

3. 經申請分期繳納者，應自繳納期限屆滿之次日起，至納稅義務人繳納之日止，依郵政儲金一年期定期儲金固定利率，分別加計利息；利率有變動時，依變動後利率計算。

4. 遺產稅或贈與稅應納稅額在 30 萬元以上，納稅義務人確有困難，不能一次繳納現金時，得於納稅期限內，就現金不足繳納部分申請以在中華民國境內之課徵標的物或納稅義務人所有易於變價及保管之實物一次抵繳。中華民國境內之課徵標的物屬不易變價或保管，或申請抵繳日之時價較死亡或贈與日之時價為低者，其得抵繳之稅額，以該項財產價值占全部課徵標的物價值比例計算之應納稅額為限。

5. 本法中華民國 98 年 1 月 12 日修正之條文施行前所發生未結之案件，適用修正後之前三項規定。但依修正前之規定有利於納稅義務人者，適用修正前之規定。

6. 第 4 項抵繳財產價值之估定，由財政部定之。

7. 第 4 項抵繳之財產為繼承人公同共有之遺產且該遺產為被繼承人單獨所有或持分共有者，得由繼承人過半數及其應繼分合計過半數之同意，或繼承人之應繼分合計逾三分之二之同意提出申請，不受民法第 828 條第 3 項限制。

遺產及贈與稅法施行細則相關規定

第 43 條之 1

　　本法第三十條第四項所稱中華民國境內之課徵標的物，指依本法規定計入本次遺產總額或贈與總額並經課徵遺產稅之遺產或課徵贈與稅之受贈財產，其所在地於中華民國境內者。

第 44 條

　　被繼承人遺產中依都市計畫法第五十條之一免徵遺產稅之公共設施保留地，納稅義務人得以該項財產申請抵繳遺產稅款。

　　依本法第七條第一項之規定，以受贈人為納稅義務人時，納稅義務人得以受贈財產中依都市計畫法第五十條之一免徵贈與稅之公共設施保留地申請抵繳贈與稅款。

　　前二項之公共設施保留地，除於劃設前已為被繼承人或贈與人所有，或於劃設後因繼承移轉予被繼承人或贈與人所有，且於劃設後至該次移轉前未曾以繼承以外原因移轉者外，得抵繳之遺產稅或贈與稅款，以依下列公式計算之金額為限：

　　公共設施保留地得抵繳遺產稅或贈與稅之限額＝依本法計算之應納遺產稅額或贈與稅額 ×（申請抵繳之公共設施保留地財產價值 ÷ 全部遺產總額或受贈財產總額）

第 45 條

　　納稅義務人依本法第三十條第四項規定申請以實物抵繳遺產稅或贈與稅時，應於核定繳納期限內繕具抵繳之財產清單，申請主管稽徵機關核准。主管稽徵機關應於接到申請後三十日內調查核定。

　　申請抵繳稅款之實物，不合於本法第三十條第四項規定者，主管稽徵機關應即述明不准之理由，通知納稅義務人仍按原核定繳納期限繳納。如不准抵繳之通知書送達納稅義務人時，已逾原核定繳納期限或距原核定繳納期限不滿十日者，應准納稅義務人於通知書送達日起十日內繳納。

　　申請抵繳稅款之實物，如有部分不合本法第三十條第四項規定者，應通知納稅義務人就不合部分補繳現金。

第 46 條

　　納稅義務人申請以繼承或受贈中華民國境內之課徵標的物抵繳遺產稅或贈與稅者，其抵繳價值之計算，以該項財產核課遺產稅或贈與稅之價值為準。

　　前項抵繳之標的物為折舊或折耗性之財產者，應扣除繼承發生日或贈與日至申請抵繳日之折舊或折耗額；其經設定他項權利者，應扣除該項權利之價值或擔保之債權額。

　　前項之他項權利為抵押權者，其擔保之債權於抵繳後經債務人清償，致抵繳價值超過原抵繳稅款者，準用第四十八條第一項規定辦理。

　　納稅義務人申請以課徵標的物以外之財產抵繳遺產稅或贈與稅者，其抵繳價值之計算，以申請日為準，並準用有關遺產或贈與財產之估價規定辦理。

第 47 條

　　以土地或房屋抵繳應納稅款者，主管稽徵機關應查明該項土地或房屋應納未納之其他稅款同時抵繳。

第 48 條

　　以實物抵繳應納稅款者，用以抵繳之實物其價額如低於應納稅額，納稅義務人應於辦理抵繳時以現金補足。其價額超過應納稅額者，應俟實物處理變價後，就賣得價款淨額，按抵繳時超過稅額部分占抵繳實物全部價額之比例，計算其應退還之價額，於處理變價完竣之日起一個月內通知納稅義務人具領。

　　前項所稱賣得價款淨額，指抵繳實物處分之價款，扣除各項稅捐、規費、管理及處分費用後之餘額。

　　依第一項及第四十五條第三項規定，應以現金補繳者，納稅義務人得依本法第三十條第二項規定申請分期繳納。

第 49 條

　　經主管稽徵機關核准以土地、房屋或其他實物抵繳稅款者，納稅義務人應於接到核准通知書後三十日內將有關文件或財產檢送主管稽徵機關以憑辦理抵繳。

　　前項抵繳之財產為繼承人公同共有之遺產者，應檢送下列文件或財產：

一、繼承登記及移轉登記之申請書。

二、符合本法第三十條第七項規定之繼承人簽章出具抵繳同意書一份，如有拋棄繼承權者，應附法院准予備查之證明文件。

三、土地或房屋之所有權狀、其他財產之證明文件或抵

　　　　繳之財產。

　四、符合本法第三十條第七項規定之繼承人簽章出具切
　　　　結書一份，聲明該抵繳之土地倘在未經辦妥移轉登
　　　　記為國有財產前，經政府公告徵收時，其徵收補償
　　　　地價，應由財政部國有財產署具領。

　五、其他依法令應提出之文件。

　　第一項抵繳之財產為納稅義務人所有屬前項以外之財產
者，應檢送下列文件或財產：

　一、移轉登記之申請書。

　二、土地或房屋之所有權狀、其他財產之證明文件或抵
　　　　繳之財產。

　三、其他依法令應提出之文件。

第 50 條

　　納稅義務人未於前條規定限期內，將各項產權移轉登
記所需之有關文件或抵繳之財產，檢送主管稽徵機關者，應
依本法第五十一條規定辦理。其應以現金補足應納稅款者亦
同。

第 51 條

　　經主管稽徵機關核准抵繳遺產稅、贈與稅及第四十七條
規定欠稅之實物，應移轉登記為國有，管理機關為財政部國
有財產署，並依財政收支劃分法及本法第五十八條之二規定
註明直轄市、市、鄉（鎮、市）及長期照顧服務法設置之特
種基金應分給之成數。但抵繳之實物為公共設施保留地且坐
落於收入歸屬之直轄市、市、鄉（鎮、市）轄區內者，按其
分給之成數分別移轉登記為國、直轄市、市、鄉（鎮、市）

有。

　　抵繳之實物應儘速處理，在管理期間之收益及處理後之價款，均應依規定成數分解各該級政府之公庫及長期照顧服務法設置之特種基金，其應繳納各項稅捐、規費、管理及處分費用，應由管理機關墊繳，就各該財產之收益及變賣或放領後之價款抵償。

五、發給證明及移轉登記

1. 遺產稅或贈與稅納稅義務人繳清應納稅款、罰鍰及加徵之滯納金、利息後，主管稽徵機關應發給稅款繳清證明書；其經核定無應納稅款者，應發給核定免稅證明書；其有特殊原因必須於繳清稅款前辦理產權移轉者，得提出確切納稅保證，申請該管主管稽徵機關核發同意移轉證明書。（遺 41 Ⅰ）

2. 依第 16 條規定，不計入遺產總額之財產，或依第 20 條規定不計入贈與總額之財產，經納稅義務人之申請，稽徵機關應發給不計入遺產總額證明書，或不計入贈與總額證明書。（遺 41 Ⅱ）

3. 地政機關及其他政府機關，或公私事業辦理遺產或贈與財產之產權移轉登記時，應通知當事人檢附稽徵機關核發之稅款繳清證明書，或核定免稅證明書或不計入遺產總額證明書，或不計入贈與總額證明書，或同意移轉證

　　明書之副本；其不能繳附者，不得逕為移轉登記。（遺42）

4. 遺產稅未繳清前，不得分割遺產、交付遺贈或辦理移轉登記。贈與稅未繳清前，不得辦理贈與移轉登記。但依第 41 條規定，於事前申請該管稽徵機關核准發給同意移轉證明書，或經稽徵機關核發免稅證明書、不計入遺產總額證明書或不計入贈與總額證明書者，不在此限。（遺 8 I）

5. 部分繼承人按應繼分繳納部分稅款：

　　繼承人為 2 人以上時，經部分繼承人按其法定應繼分繳納部分遺產稅款、罰鍰及加徵之滯納金、利息後，為辦理不動產之公同共有繼承登記，得申請主管稽徵機關核發同意移轉證明書；該登記為公同共有之不動產，在全部應納款項未繳清前，不得辦理遺產分割登記或就公同共有之不動產權利為處分、變更及設定負擔登記。（遺41-1）

遺產稅之罰則

一、逾期未申報

　　納稅義務人違反第 23 條或第 24 條規定，未依限辦理遺產稅或贈與稅申報者，按核定應納稅額加處 2 倍以下之罰鍰。（遺44）

二、漏報或短報

納稅義務人對依本法規定，應申報之遺產或贈與財產，已依本法規定申報而有漏報或短報情事者，應按所漏稅額處以 2 倍以下之罰鍰。（遺 45）

三、逃漏稅額

納稅義務人有故意以詐欺或其他不正當方法，逃漏遺產稅或贈與稅者，除依繼承或贈與發生年度稅率重行核計補徵外，並應處以所漏稅額 1 倍至 3 倍之罰鍰。（遺 46）

四、罰鍰與本稅之限制

前三條規定之罰鍰，連同應徵之稅款，最多不得超過遺產總額或贈與總額。（遺 47）

五、逾期未繳納（遺 51）

1. 納稅義務人對於核定之遺產稅或贈與稅應納稅額，逾第 30 條規定期限繳納者，每逾 2 日加徵應納稅額 1% 滯納金；逾 30 日仍未繳納者，主管稽徵機關應移送強制執行。但因不可抗力或不可歸責於納稅義務人之事由，致不能於法定期間內繳清稅捐，得於其原因消滅後 10 日內，提出具體證明，向稽徵機關申請延期或分期繳納經核准者，免予加徵滯納金。

2. 前項應納稅款，應自滯納期限屆滿之次日起，至納稅義務人繳納之日止，依郵政儲金一年期定期儲金固定利率，按日加計利息，一併徵收。

六、未繳清辦理移轉

納稅義務人違反第 8 條之規定，於遺產稅未繳清前，分割遺產、交付遺贈或辦理移轉登記，或贈與稅未繳清前，辦理贈與移轉登記者，處 1 年以下有期徒刑。（遺 50）

七、未通知檢附證明書之處罰

1. 稽徵人員違反第 29 條之規定，戶籍人員違反第 37 條之規定者，應由各該主管機關從嚴懲處，並責令迅行補辦；其涉有犯罪行為者，應依刑法及其有關法律處斷。（遺48）

2. 違反第 42 條之規定，於辦理有關遺產或贈與財產之產權移轉登記時，未通知當事人繳驗遺產稅或贈與稅繳清證明書，或核定免稅證明書，或不計入遺產總額證明書，或不計入贈與總額證明書，或同意移轉證明書等之副本，即予受理者，其屬民營事業，處 1 萬 5,000 元以下之罰鍰；其屬政府機關及公有公營事業，由主管機關對主辦及直接主管人員從嚴議處。（遺 52）

八、告發檢舉之獎給

告發或檢舉納稅義務人及其他關係人有短報、漏報、匿報或故意以虛偽不實及其他不正當行為之逃稅，或幫助他人逃稅情事，經查明屬實者，主管稽徵機關應以罰鍰提成獎給舉發人，並為舉發人保守秘密。（遺 43）

遺產及贈與稅法施行細則第 54 條

　　依本法第四十三條規定之舉發獎金，主管稽徵機關，應於收到罰鍰後十日內，通知原舉發人限期領取。

第七章

贈與稅

贈與稅之意義

一、贈與稅係財產所有人對他人無償給予財產所課徵的稅賦，爲生前動態的財產稅。

二、遺產稅之課徵係爲平衡社會財富而設，但爲防止財產所有人藉生前以贈與方式移轉財產予其繼承人，規避遺產稅之課徵，特制定贈與稅。

三、贈與稅之課徵係爲輔助遺產稅之課徵而設置。因此，贈與稅亦稱爲遺產稅之輔助稅。

贈與稅之課稅範圍（對象）──採屬人主義兼屬地主義

一、屬人主義

　　1. 凡經常居住中華民國境內之中華民國國民，就其在中華民國境內或境外之財產爲贈與者，應依本法規定，課徵贈與稅。（遺3Ⅰ）

　　2. 本法稱經常居住中華民國境內，係指被繼承人或贈與人有下列情形之一：（遺4Ⅲ）

　　⑴死亡事實或贈與行爲發生前2年內，在中華民國境內有住所者。

　　⑵在中華民國境內無住所而有居所，且在死亡事實或贈與行爲發生前2年內，在中華民國境內居留時間合計逾365天者。但受中華民國政府聘請從事工作，在中華民國境內有特定居留期限者，不在此限。

3. 死亡事實或贈與行為發生前 2 年內，被繼承人或贈與人自願喪失中華民國國籍者，仍應依本法關於中華民國國民之規定，課徵遺產稅或贈與稅。（遺 3-1）

二、屬地主義

1. 經常居住中華民國境外之中華民國國民，及非中華民國國民，就其在中華民國境內之財產為贈與者，應依本法規定，課徵贈與稅。（遺 3 Ⅱ）

2. 所稱經常居住中華民國境外，係指不合第 4 條第 3 項經常居住中華民國境內規定者而言。（遺 4 Ⅳ）

三、他益信託應課徵贈與稅（遺 5-1）

1. 信託契約明定信託利益之全部或一部之受益人為非委託人者，視為委託人將享有信託利益之權利贈與該受益人，依本法規定，課徵贈與稅。

2. 信託契約明定信託利益之全部或一部之受益人為委託人，於信託關係存續中，變更為非委託人者，於變更時，適用前項規定課徵贈與稅。

3. 信託關係存續中，委託人追加信託財產，致增加非委託人享有信託利益之權利者，於追加時，就增加部分，適用第 1 項規定課徵贈與稅。

4. 前三項之納稅義務人為委託人。但委託人有第 7 條第 1 項但書各款情形之一者，以受託人為納稅義務人。

國籍避稅

死亡事實或贈與行為發生前 2 年內，被繼承人或贈與人自願喪失中華民國國籍者，仍應依本法關於中華民國國民之規定，課徵遺產稅或贈與稅。（遺 3-1）

課徵贈與稅之財產及價值之計算

一、財產範圍

1. 本法稱財產，指動產、不動產及其他一切有財產價值之權利。（遺 4 I）

2. 本法稱贈與，指財產所有人以自己之財產無償給予他人，經他人允受而生效力之行為。（遺 4 II）

二、財產認定（遺 9）

1. 第 1 條及第 3 條所稱中華民國境內或境外之財產，按贈與人贈與時之財產所在地認定之：

⑴動產、不動產及附著於不動產之權利，以動產或不動產之所在地為準。但船舶、車輛及航空器，以其船籍、車輛或航空器登記機關之所在地為準。

⑵礦業權，以其礦區或礦場之所在地為準。

⑶漁業權，以其行政管轄權之所在地為準。

⑷專利權、商標權、著作權及出版權，以其登記機關之所在地為準。

⑸其他營業上之權利，以其營業所在地爲準。

⑹金融機關收受之存款及寄託物，以金融機關之事務所或營業所所在地爲準。

⑺債權，以債務人經常居住之所在地或事務所或營業所所在地爲準。

⑻公債、公司債、股權或出資，以其發行機關或被投資事業之主事務所所在地爲準。

⑼有關信託之權益，以其承受信託事業之事務所或營業所所在地爲準。

2. 前列各款以外之財產，其所在地之認定有疑義時，由財政部核定之。

三、財產價值的計算

1. 遺產及贈與財產價值之計算，以贈與人贈與時之時價爲準。（遺 10 Ⅰ）

2. 第 1 項所稱時價，土地以公告土地現值或評定標準價格爲準；房屋以評定標準價格爲準。（遺 10 Ⅲ）

3. 依第 5 條之 1 規定（他益信託視同贈與）應課徵贈與稅之權利，其價值之計算，依下列規定估定之：（遺 10-2）

⑴享有全部信託利益之權利者，該信託利益爲金錢時，以信託金額爲準；信託利益爲金錢以外之財產時，以贈與時信託財產之時價爲準。

⑵享有孳息以外信託利益之權利者，該信託利益爲金

錢時，以信託金額按贈與時起至受益時止之期間，依贈與時郵政儲金匯業局一年期定期儲金固定利率複利折算現值計算之；信託利益為金錢以外之財產時，以贈與時信託財產之時價，按贈與時起至受益時止之期間，依贈與時郵政儲金匯業局一年期定期儲金固定利率複利折算現值計算之。

⑶享有孳息部分信託利益之權利者，以信託金額或贈與時信託財產之時價，減除依前款規定所計算之價值後之餘額為準。但該孳息係給付公債、公司債、金融債券或其他約載之固定利息者，其價值之計算，以每年享有之利息，依贈與時郵政儲金匯業局一年期定期儲金固定利率，按年複利折算現值之總和計算之。

⑷享有信託利益之權利為按期定額給付者，其價值之計算，以每年享有信託利益之數額，依贈與時郵政儲金匯業局一年期定期儲金固定利率，按年複利折算現值之總和計算之；享有信託利益之權利為全部信託利益扣除按期定額給付後之餘額者，其價值之計算，以贈與時信託財產之時價減除依前段規定計算之價值後之餘額計算之。

⑸享有前四款所規定信託利益之一部者，按受益比率計算之。

贈與稅之納稅義務人

一、贈與稅之納稅義務人為贈與人。但贈與人有下列情形之一
　　者，以受贈人為納稅義務人：（遺7 I）

　　1. 行蹤不明。

　　2. 逾本法規定繳納期限尚未繳納，且在中華民國境內無財
　　　產可供執行。

　　3. 死亡時贈與稅尚未核課。

二、依前項規定受贈人有 2 人以上者，應按受贈財產之價值比
　　例，依本法規定計算之應納稅額，負納稅義務。（遺7 II）

三、他益信託之納稅義務人為委託人。但委託人有第 7 條第 1 項
　　但書各款情形之一者，以受託人為納稅義務人。（遺5-1 IV）

附註

遺產及贈與稅法施行細則第 5 條

　　依本法第七條之規定，以受贈人為納稅義務人時，其應
納稅額仍應按贈與人為納稅義務人時之規定計算之。

贈與稅之稅基

一、贈與總額（遺 19）

1. 贈與稅按贈與人每年贈與總額，減除第 21 條規定之扣除額及第 22 條規定之免稅額後之課稅贈與淨額，依下列稅率課徵之：

   (1)2,500 萬元以下者，課徵 10%。

   (2)超過 2,500 萬元至 5,000 萬元者，課徵 250 萬元，加超過 2,500 萬元部分之 15%。

   (3)超過 5,000 萬元者，課徵 625 萬元，加超過 5,000 萬元部分之 20%。

2. 1 年內有 2 次以上贈與者，應合併計算其贈與額，依前項規定計算稅額，減除其已繳之贈與稅額後，為當次之贈與稅額。

二、視同贈與（擬制贈與）

1. 財產之移動，具有下列各款情形之一者，以贈與論，依本法規定，課徵贈與稅（遺 5）

   (1)在請求權時效內無償免除或承擔債務者，其免除或承擔之債務。

   (2)以顯著不相當之代價，讓與財產、免除或承擔債務者，其差額部分。

   (3)以自已之資金，無償為他人購置財產者，其資金。但該財產為不動產者，其不動產。

⑷因顯著不相當之代價，出資爲他人購置財產者，其出資與代價之差額部分。

⑸限制行爲能力人或無行爲能力人所購置之財產，視爲法定代理人或監護人之贈與。但能證明支付之款項屬於購買人所有者，不在此限。

⑹二親等以內親屬間財產之買賣。但能提出已支付價款之確實證明，且該已支付之價款非由出賣人貸與或提供擔保向他人借得者，不在此限。

附 註

遺產及贈與稅法施行細則相關規定

第 2 條

　　債務人經依破產法和解、破產、依消費者債務清理條例更生、清算或依公司法聲請重整，以致債權人之債權無法十足取償者，其免除之差額部分，非本法第五條第一款之贈與。

第 3 條

　　保證人因履行保證責任，而代主債務人清償債務並無償免除其債務者，應以贈與論。但主債務人宣告破產者，保證人之代償行爲不視爲贈與。

　　以保證債務爲目的而爲連帶債務人者，仍適用前項規定。

2. 他益信託視同贈與（遺 5-1 Ⅰ、Ⅱ、Ⅲ）

　　⑴訂立他益信託：

　　　信託契約明定信託利益之全部或一部之受益人為非委
　　　託人者，視為委託人將享有信託利益之權利贈與該受
　　　益人，依本法規定，課徵贈與稅。

　　⑵自益信託變為他益信託：

　　　信託契約明定信託利益之全部或一部之受益人為委託
　　　人，於信託關係存續中，變更為非委託人者，於變更
　　　時，適用前項規定課徵贈與稅。

　　⑶追加他益信託之財產：

　　　信託關係存續中，委託人追加信託財產，致增加非委
　　　託人享有信託利益之權利者，於追加時，就增加部
　　　分，適用第⑴項規定課徵贈與稅。

三、不計入贈與總額

　1. 下列各款不計入贈與總額（遺 20）

　　⑴捐贈各級政府及公立教育、文化、公益、慈善機關之
　　　財產。

　　⑵捐贈公有事業機構或全部公股之公營事業之財產。

　　⑶捐贈依法登記為財團法人組織且符合行政院規定標準
　　　之教育、文化、公益、慈善、宗教團體及祭祀公業之
　　　財產。

　　⑷扶養義務人為受扶養人支付之生活費、教育費及醫

藥費。

⑸作農業使用之農業用地及其地上農作物，贈與民法第
　1138 條所定繼承人者，不計入其土地及地上農作物價
　值之全數。受贈人自受贈之日起 5 年內，未將該土地
　繼續作農業使用且未在有關機關所令期限內恢復作農
　業使用，或雖在有關機關所令期限內已恢復作農業使
　用而再有未作農業使用情事者，應追繳應納稅賦。但
　如因該受贈人死亡、該受贈土地被徵收或依法變更為
　非農業用地者，不在此限。

⑹配偶相互贈與之財產。

⑺父母於子女婚嫁時所贈與之財物，總金額不超過 100
　萬元。

附 註

遺產及贈與稅法施行細則第 17 條

　本法第二十條第一項第四款所稱受扶養人，指符合下列
各款情形之一之受扶養人：

一、贈與人及其配偶之直系尊親屬年滿六十歲或未滿
　　六十歲而無謀生能力，受贈與人扶養。

二、贈與人之直系血親卑親屬未成年者，或已成年而因
　　在校就學，或因身心障礙，或因無謀生能力，受贈
　　與人扶養。

三、贈與人之同胞兄弟姊妹未成年者，或已成年而因在

　　校就學，或因身心障礙，或因無謀生能力，受贈與
　　人扶養。

四、贈與人之其他親屬或家屬，合於民法第一千一百十
　　四條第四款及第一千一百二十三條第三項規定，未
　　成年，或已成年而因在校就學、身心障礙或無謀生
　　能力，確係受贈與人扶養。

2. 因委託人提供財產成立、捐贈或加入符合第 16 條之 1 各
款規定之公益信託，受益人得享有信託利益之權利，不
計入贈與總額（遺 20-1）

⑴受託人為信託業法所稱之信託業。

⑵各該公益信託除為其設立目的舉辦事業而必須支付之
費用外，不以任何方式對特定或可得特定之人給予特
殊利益。

⑶信託行為明定信託關係解除、終止或消滅時，信託財
產移轉於各級政府、有類似目的之公益法人或公益信
託。（遺 16-1）

四、扣除額

1. 贈與附有負擔者，由受贈人負擔部分應自贈與額中扣
除。（遺 21）

2. 不動產贈與移轉所繳納之契稅或土地增值稅得自贈與總
額中扣除。（遺細 19）

3. 公共設施保留地因配偶或直系血親間之贈與而移轉者，免徵贈與稅。（都 50-1）

遺產及贈與稅法施行細則相關規定

第 18 條

依本法第二十一條在贈與額中扣除之負擔，以具有財產價值，業經履行或能確保其履行者為限。負擔內容係向贈與人以外之人為給付得認係間接之贈與者，不得主張扣除。

前項負擔之扣除，以不超過該負擔贈與財產之價值為限。

第 19 條

不動產贈與移轉所繳納之契稅或土地增值稅得自贈與總額中扣除。

五、免稅額

1. 贈與稅納稅義務人，每年得自贈與總額中減除免稅額 220 萬元。（遺 22）

附 註

　　依財政部 110 年 11 月 24 日台財稅字第 11004670210 號
公告 111 年發生之繼承或贈與案件，應適用遺產及贈與稅法
第 12 條之 1 第 1 項各款所列之金額，贈與稅免稅額調整爲
244 萬元。

　　2. 贈與稅免稅額每遇消費者物價指數較上次調整之指數累
　　　計上漲達 10% 以上時，自次年起按上漲程度調整之。調
　　　整金額以萬元爲單位，未達萬元者按千元數四捨五入。
　　　（遺 12-1 Ⅰ）

贈與稅之稅率

一、稅率結構（遺 19）

　　1. 贈與稅按贈與人每年贈與總額，減除第 21 條規定之扣除
　　　額及第 22 條規定之免稅額後之課稅贈與淨額，依下列稅
　　　率課徵之：
　　　⑴2,500 萬元以下者，課徵 10%。
　　　⑵超過 2,500 萬元至 5,000 萬元者，課徵 250 萬元，加超
　　　　過 2,500 萬元部分之 15%。
　　　⑶超過 5,000 萬元者，課徵 625 萬元，加超過 5,000 萬元
　　　　部分之 20%。

2. 1 年內有 2 次以上贈與者，應合併計算其贈與額，依前項
規定計算稅額，減除其已繳之贈與稅額後，爲當次之贈
與稅額。

二、物價指數連動法（遺 12-1）

　　本法規定之下列各項金額，每遇消費者物價指數較上次調整
之指數累計上漲達 10% 以上時，自次年起按上漲程度調整之。
調整金額以萬元爲單位，未達萬元者按千元數四捨五入：

1. 免稅額。
2. 課稅級距金額。
3. 被繼承人日常生活必需之器具及用具、職業上之工具，
不計入遺產總額之金額。
4. 被繼承人之配偶、直系血親卑親屬、父母、兄弟姊妹、
祖父母扣除額、喪葬費扣除額及身心障礙特別扣除額。

　　財政部於每年 12 月底前，應依據前項規定，計算次年發生
之繼承或贈與案件所應適用之各項金額後公告之。所稱消費者物
價指數，指行政院主計總處公布，自前一年 11 月起至該年 10 月
底爲止 12 個月平均消費者物價指數。

三、稅課收入撥入長照服務之特種基金

　　本法中華民國 106 年 4 月 25 日修正之條文施行後，依第 13
條及第 19 條第 1 項規定稅率課徵之遺產稅及贈與稅，屬稅率超
過 10% 至 20% 以內之稅課收入，撥入依長期照顧服務法設置之
特種基金，用於長期照顧服務支出，不適用財政收支劃分法之規
定。（遺 58-2）

春嬌在今年贈與兒子已購買了 18 年的土地 1 筆及房屋 1 棟，其中土地面積為 200 平方公尺，權利範圍為四分之一，贈與時公告土地現值為 50,000 元／平方公尺，而前次移轉現值為 10,000 元／平方公尺，當時物價指數是 125%；房屋評定標準價格為 800,000 元，試問其應納贈與稅為何？

解析

一、贈與總額

　　＝（50,000 元 ×200m^2×1/4）＋ 800,000 元

　　＝ 2,500,000 元＋ 800,000 元

　　＝ 3,300,000 元

二、贈與免稅額：2,440,000 元

三、贈與扣除額

　　1. 土地增值稅部分：

　　　⑴土地漲價總數額：

　　　　＝申報土地移轉現值－原規定地價或前次移轉時所申報之土地移轉現值 ×（臺灣地區消費者物價總指數 ÷100）

　　　　＝（50,000 元 ×200m^2×1/4）－（10,000 元 ×200m^2×1/4×125%）

　　　　＝ 2,500,000 元－625,000 元

　　　　＝ 1,875,000 元

(2)土地漲價倍數：

＝土地漲價總數額÷〔原規定地價或前次移轉時所申報之土地移轉現值×（臺灣地區消費者物價總指數÷100）〕

＝1,875,000元÷〔10,000元×200m²×1/4×125%〕

＝1,875,000元÷625,000元

＝3倍

適用第一級稅率（40%）

(3)應納土地增值稅：

＝土地漲價總數額×稅率

＝（1,875,000元×40%）－（625,000元×30%）

＝562,500元

2. 契稅部分：

＝契價×稅率

＝800,000元×6%

＝48,000元

3. 合計：

＝562,500元＋48,000元

＝610,500元

四、贈與淨額

＝贈與總額－免稅額－扣除額

＝3,300,000元－2,440,000元－610,500元

＝249,500元

五、應納贈與稅

　　＝贈與淨額 × 稅率－累進差額－本年度內以前各次應納稅

　　　額及可扣抵稅額

　　＝ 249,500 元 ×10%－0－0

　　＝ 24,950 元　　　　　　　　　　　　　　　　　　●●●

贈與稅之扣抵

一、國外財產已納外國贈與稅

　　國外財產依所在地國法律已納之遺產稅或贈與稅，得由納稅義務人提出所在地國稅務機關發給之納稅憑證，併應取得所在地中華民國使領館之簽證；其無使領館者，應取得當地公定會計師或公證人之簽證，自其應納遺產稅或贈與稅額中扣抵。但扣抵額不得超過因加計其國外遺產而依國內適用稅率計算增加之應納稅額。（遺 11 Ⅰ）

二、1 年有 2 次以上贈與

　　1 年內有 2 次以上贈與者，應合併計算其贈與額，依前項規定計算稅額，減除其已繳之贈與稅額後，為當次之贈與稅額。（遺 19 Ⅱ）

案件

　　志明贈與兒子 3,000,000 元，又在同一年內贈與女兒 3,000,000 元，志明須繳納多少贈與稅額？

解析

一、贈與兒子的部分

  1. 贈與淨額：

   ＝贈與總額－免稅額－扣除額

   ＝ 3,000,000 元－2,440,000 元－0 元

   ＝ 560,000 元

  2. 應納贈與稅：

   ＝贈與淨額 × 稅率－累進差額－本年度內以前各次應納
   稅額及可扣抵稅額

   ＝ 560,000 元 ×10%－0－0

   ＝ 56,000 元

二、贈與女兒的部分

  1. 贈與淨額：

   ＝贈與總額－免稅額－扣除額

   ＝（3,000,000 元＋ 3,000,000 元）－2,440,000 元－0 元

   ＝ 3,560,000 元

  2. 應納贈與稅：

   ＝贈與淨額 × 稅率－累進差額－本年度內以前各次應納
   稅額及可扣抵稅額

   ＝ 3,560,000 元 ×10%－0－56,000 元

   ＝ 300,000 元

信託之贈與稅

一、課徵條件（遺 5-1 Ⅰ、Ⅱ、Ⅲ）：他益信託視同贈與

1. 設立他益信託：

   信託契約明定信託利益之全部或一部之受益人為非委託人者，視為委託人將享有信託利益之權利贈與該受益人，依本法規定，課徵贈與稅。

2. 自益信託變更為他益信託：

   信託契約明定信託利益之全部或一部之受益人為委託人，於信託關係存續中，變更為非委託人者，於變更時，適用前項規定課徵贈與稅。

3. 追加他益信託之信託財產：

   信託關係存續中，委託人追加信託財產，致增加非委託人享有信託利益之權利者，於追加時，就增加部分，適用第 1 項規定課徵贈與稅。

二、課徵時機

除第 20 條之 1 所規定之公益信託外，委託人有第 5 條之 1 應課徵贈與稅情形者，應以訂定、變更信託契約之日為贈與行為發生日，依前條第 1 項規定辦理。（遺 24-1）

三、權利價值計算（遺 10-2）

依第 5 條之 1 規定應課徵贈與稅之權利，其價值之計算，依下列規定估定之：

1. 享有全部信託利益之權利者，該信託利益為金錢時，以信託金額為準；信託利益為金錢以外之財產時，以贈與時信託財產之時價為準。

2. 享有孳息以外信託利益之權利者，該信託利益為金錢時，以信託金額按贈與時起至受益時止之期間，依贈與時郵政儲金匯業局一年期定期儲金固定利率複利折算現值計算之；信託利益為金錢以外之財產時，以贈與時信託財產之時價，按贈與時起至受益時止之期間，依贈與時郵政儲金匯業局一年期定期儲金固定利率複利折算現值計算之。

3. 享有孳息部分信託利益之權利者，以信託金額或贈與時信託財產之時價，減除依前款規定所計算之價值後之餘額為準。但該孳息係給付公債、公司債、金融債券或其他約載之固定利息者，其價值之計算，以每年享有之利息，依贈與時郵政儲金匯業局一年期定期儲金固定利率，按年複利折算現值之總和計算之。

4. 享有信託利益之權利為按期定額給付者，其價值之計算，以每年享有信託利益之數額，依贈與時郵政儲金匯業局一年期定期儲金固定利率，按年複利折算現值之總和計算之；享有信託利益之權利為全部信託利益扣除按期定額給付後之餘額者，其價值之計算，以贈與時信託財產之時價減除依前段規定計算之價值後之餘額計算之。

5. 享有前四款所規定信託利益之一部者，按受益比率計算之。

四、不計入贈與總額

因委託人提供財產成立、捐贈或加入符合第 16 條之 1 各款規定之公益信託，受益人得享有信託利益之權利，不計入贈與總額。（遺 20-1）

1. 受託人為信託業法所稱之信託業。

2. 各該公益信託除為其設立目的舉辦事業而必須支付之費用外，不以任何方式對特定或可得特定之人給予特殊利益。

3. 信託行為明定信託關係解除、終止或消滅時，信託財產移轉於各級政府、有類似目的之公益法人或公益信託。（遺 16-1）

五、不課徵贈與稅（遺 5-2）

信託財產於下列各款信託關係人間移轉或為其他處分者，不課徵贈與稅：

1. 因信託行為成立，委託人與受託人間。

2. 信託關係存續中受託人變更時，原受託人與新受託人間。

3. 信託關係存續中，受託人依信託本旨交付信託財產，受託人與受益人間。

4. 因信託關係消滅，委託人與受託人間或受託人與受益人間。

5. 因信託行為不成立、無效、解除或撤銷，委託人與受託人間。

贈與稅之稽徵

一、應申報之贈與及期限

1. 除第 20 條所規定之贈與外，贈與人在 1 年內贈與他人之財產總值超過贈與稅免稅額時，應於超過免稅額之贈與行為發生後 30 日內，向主管稽徵機關依本法規定辦理贈與稅申報。（遺 24 Ⅰ）

2. 贈與人為經常居住中華民國境內之中華民國國民者，向戶籍所在地主管稽徵機關申報；其為經常居住中華民國境外之中華民國國民或非中華民國國民，就其在中華民國境內之財產為贈與者，向中華民國中央政府所在地主管稽徵機關申報。（遺 24 Ⅱ）

3. 除第 20 條之 1 所規定之公益信託外，委託人有第 5 條之 1 應課徵贈與稅情形者，應以訂定、變更信託契約之日為贈與行為發生日，依前條第 1 項規定辦理。（遺 24-1）

4. 同一贈與人在同一年內有 2 次以上依本法規定應申報納稅之贈與行為者，應於辦理後一次贈與稅申報時，將同一年內以前各次之贈與事實及納稅情形合併申報。（遺 25）

5. 遺產稅或贈與稅納稅義務人具有正當理由不能如期申報者，應於前三條規定限期屆滿前，以書面申請延長之。（遺 26 Ⅰ）

6. 前項申請延長期限以 3 個月為限。但因不可抗力或其他有特殊之事由者，得由稽徵機關視實際情形核定之。（遺 26 Ⅱ）

> ## 附 註
>
> **遺產及贈與稅法施行細則第 42 條**
>
> 　　贈與人對依本法規定應申報之贈與財產，未申報或已申報而有漏報或短報情事，而贈與人並有本法第七條第一項情形時，各受贈人應對各該次贈與之未申報、漏報或短報行為，按其受贈財產之比例在受贈財產範圍內負繳納稅款及利息之責。

二、核定稅額及通知繳納

　　稽徵機關應於接到遺產稅或贈與稅申報書表之日起 2 個月內，辦理調查及估價，決定應納稅額，繕發納稅通知書，通知納稅義務人繳納；其有特殊情形不能在 2 個月內辦竣者，應於限期內呈准上級主管機關核准延期。（遺 29）

三、繳納與抵繳稅款（遺 30）

1. 遺產稅及贈與稅納稅義務人，應於稽徵機關送達核定納稅通知書之日起 2 個月內，繳清應納稅款；必要時，得於限期內申請稽徵機關核准延期 2 個月。

2. 遺產稅或贈與稅應納稅額在 30 萬元以上，納稅義務人確有困難，不能一次繳納現金時，得於納稅期限內，向該管稽徵機關申請，分 18 期以內繳納，每期間隔以不超過 2 個月為限。

3. 經申請分期繳納者，應自繳納期限屆滿之次日起，至納稅義務人繳納之日止，依郵政儲金一年期定期儲金固定利率，分別加計利息；利率有變動時，依變動後利率計算。

4. 遺產稅或贈與稅應納稅額在 30 萬元以上，納稅義務人確有困難，不能一次繳納現金時，得於納稅期限內，就現金不足繳納部分申請以在中華民國境內之課徵標的物或納稅義務人所有易於變價及保管之實物一次抵繳。中華民國境內之課徵標的物屬不易變價或保管，或申請抵繳日之時價較死亡或贈與日之時價為低者，其得抵繳之稅額，以該項財產價值占全部課徵標的物價值比例計算之應納稅額為限。

5. 本法中華民國 98 年 1 月 12 日修正之條文施行前所發生未結之案件，適用修正後之前三項規定。但依修正前之規定有利於納稅義務人者，適用修正前之規定。

6. 第 4 項抵繳財產價值之估定，由財政部定之。

7. 第 4 項抵繳之財產為繼承人公同共有之遺產且該遺產為被繼承人單獨所有或持分共有者，得由繼承人過半數及其應繼分合計過半數之同意，或繼承人之應繼分合計逾三分之二之同意提出申請，不受民法第 828 條第 3 項限制。

四、發給證明與辦理登記

1. 遺產稅或贈與稅納稅義務人繳清應納稅款、罰鍰及加徵之滯納金、利息後，主管稽徵機關應發給稅款繳清證明

書；其經核定無應納稅款者，應發給核定免稅證明書；其有特殊原因必須於繳清稅款前辦理產權移轉者，得提出確切納稅保證，申請該管主管稽徵機關核發同意移轉證明書。（遺 41 Ⅰ）

2. 依第 16 條規定，不計入遺產總額之財產，或依第 20 條規定不計入贈與總額之財產，經納稅義務人之申請，稽徵機關應發給不計入遺產總額證明書，或不計入贈與總額證明書。（遺 41 Ⅱ）

3. 遺產稅未繳清前，不得分割遺產、交付遺贈或辦理移轉登記。贈與稅未繳清前，不得辦理贈與移轉登記。但依第 41 條規定，於事前申請該管稽徵機關核准發給同意移轉證明書，或經稽徵機關核發免稅證明書、不計入遺產總額證明書或不計入贈與總額證明書者，不在此限。（遺 8 Ⅰ）

4. 地政機關及其他政府機關，或公私事業辦理遺產或贈與財產之產權移轉登記時，應通知當事人檢附稽徵機關核發之稅款繳清證明書，或核定免稅證明書，或不計入遺產總額證明書，或不計入贈與總額證明書，或同意移轉證明書之副本；其不能繳附者，不得逕為移轉登記。（遺 42）

贈與稅之罰則

一、逾期未申報

納稅義務人違反第 23 條或第 24 條規定，未依限辦理遺產稅或贈與稅申報者，按核定應納稅額加處 2 倍以下之罰鍰。（遺 44）

二、漏報或短報

納稅義務人對依本法規定，應申報之遺產或贈與財產，已依本法規定申報而有漏報或短報情事者，應按所漏稅額處以 2 倍以下之罰鍰。（遺 45）

三、逃漏稅額

納稅義務人有故意以詐欺或其他不正當方法，逃漏遺產稅或贈與稅者，除依繼承或贈與發生年度稅率重行核計補徵外，並應處以所漏稅額 1 倍至 3 倍之罰鍰。（遺 46）

四、罰鍰與本稅之限制

前三條規定之罰鍰，連同應徵之稅款，最多不得超過遺產總額或贈與總額。（遺 47）

五、逾期未繳納（遺 51）

1. 納稅義務人對於核定之遺產稅或贈與稅應納稅額，逾第 30 條規定期限繳納者，每逾 2 日加徵應納稅額 1% 滯納金；逾 30 日仍未繳納者，主管稽徵機關應移送強制執

行。但因不可抗力或不可歸責於納稅義務人之事由,致不能於法定期間內繳清稅捐,得於其原因消滅後 10 日內,提出具體證明,向稽徵機關申請延期或分期繳納經核准者,免予加徵滯納金。

2. 前項應納稅款,應自滯納期限屆滿之次日起,至納稅義務人繳納之日止,依郵政儲金一年期定期儲金固定利率,按日加計利息,一併徵收。

六、未繳清辦理移轉

納稅義務人違反第 8 條之規定,於遺產稅未繳清前,分割遺產、交付遺贈或辦理移轉登記,或贈與稅未繳清前,辦理贈與移轉登記者,處 1 年以下有期徒刑。(遺 50)

七、未通知檢附證明書之處罰

1. 稽徵人員違反第 29 條之規定,戶籍人員違反第 37 條之規定者,應由各該主管機關從嚴懲處,並責令迅行補辦;其涉有犯罪行為者,應依刑法及其有關法律處斷。(遺 48)

2. 違反第 42 條之規定,於辦理有關遺產或贈與財產之產權移轉登記時,未通知當事人繳驗遺產稅或贈與稅繳清證明書,或核定免稅證明書,或不計入遺產總額證明書,或不計入贈與總額證明書,或同意移轉證明書等之副本,即予受理者,其屬民營事業,處 1 萬 5,000 元以下之罰鍰;其屬政府機關及公有公營事業,由主管機關對主辦及直接主管人員從嚴議處。(遺 52)

八、告發檢舉之獎給

告發或檢舉納稅義務人及其他關係人有短報、漏報、匿報或故意以虛偽不實及其他不正當行為之逃稅，或幫助他人逃稅情事，經查明屬實者，主管稽徵機關應以罰鍰提成獎給舉發人，並為舉發人保守秘密。（遺43）

遺產及贈與稅法施行細則第 54 條

依本法第四十三條規定之舉發獎金，主管稽徵機關，應於收到罰鍰後十日內，通知原舉發人限期領取。

第八章

稅捐稽徵法

稅捐稽徵法之由來

　　我國在民國 65 年以前（稅捐稽徵法於民國 65 年 10 月 22 日公布）係採分稅立法之原則，每個稅目原則上定有一單獨稅法，以為課徵之依據。但各稅法對稅捐之租稅實體、稽徵程序、救濟、罰則等規定有不一致之情形，為顧及國家之稅收及人民之權益，綜合各稅法之稽徵原則、程序、罰則等共同部分，作統一之規定，乃訂定稅捐稽徵法。

稅捐稽徵法為各稅之特別法

　　稅捐稽徵法屬於程序法，而為各稅的特別法，優先於各稅法而適用。因此，稅捐稽徵法第 1 條規定：「稅捐之稽徵，依本法之規定，本法未規定者，依其他有關法律之規定。」

稅捐稽徵法之適用範圍

一、本法所稱稅捐，指一切法定之國、直轄市、縣（市）及鄉（鎮、市）稅捐。但不包括關稅。（稽 2）
二、本法所定稅捐，包括各稅依法附徵或代徵之捐。（稽細 2）

稅法特別適用原則

　　稅法是法律的一種，因此法律之適用原則，如法律位階、法律不溯及既往、新法優於舊法、特別法優於普通法等原則仍應適

用外，仍有部分稅法特別適用原則，分別說明如下：

租稅法律主義

憲法第 19 條規定，人民有依法納稅之義務。換言之，政府向人民課稅須以「法律」為依據。人民有依法律所定要件負繳納稅捐之義務及享有減免繳納稅捐之優惠。

實體從舊程序從新原則

租稅實體，指課稅主體、稅基、稅率、減免等影響稅賦高低者而言。稽徵程序，指屬於稅捐稽徵程序而不影響稅賦高低者而言。一般而言，納稅義務發生在先，稅款報繳在後。因此，期間若有稅法修正，有關稅法實體部分應以納稅義務發生時有效法律為準，有關稅法程序部分應以稅款報繳時有效法律為準。

裁處從新從輕原則

稅捐稽徵法第 48 條之 3 規定，「納稅義務人違反本法或稅法之規定，適用裁處時之法律。但裁處前之法律有利於納稅義務人者，適用最有利於納稅義務人之法律。」此即明文規定租稅處罰採從新從輕原則，與上述租稅核課採實體從舊程序從新原則大不相同。

解釋函令之適用原則

稅捐稽徵法第 1 條之 1 規定：

一、財政部依本法或稅法所發布之解釋函令，對於據以申請之案件發生效力。但有利於納稅義務人者，對於尚未核課確定之案件適用之。

二、財政部發布解釋函令，變更已發布解釋函令之法令見解，如不利於納稅義務人者，自發布日起或財政部指定之將來一定期日起，發生效力；於發布日或財政部指定之將來一定期日前，應核課而未核課之稅捐及未確定案件，不適用該變更後之解釋函令。

三、本條中華民國 100 年 11 月 8 日修正施行前，財政部發布解釋函令，變更已發布解釋函令之法令見解且不利於納稅義務人，經稅捐稽徵機關依財政部變更法令見解後之解釋函令核課稅捐，於本條中華民國 100 年 11 月 8 日修正施行日尚未確定案件，適用前項規定。

四、財政部發布之稅務違章案件裁罰金額或倍數參考表變更時，有利於納稅義務人者，對於尚未核課確定之案件適用之。

實質課稅原則

租稅課徵如發生法律之形式、表面或名義與真實、事實、實質不同時，此時就不應拘泥於法律之形式、表面或名義，而必須就真實、事實、實質加以課稅。大法官會議釋字第 420 號解釋：

「涉及租稅事項之法律，其解釋應本於租稅法律主義之精神：依各該法律之立法目的，衡酌經濟上之意義及實質課稅之公平原則爲之。……」（86.01.17）

納稅義務

特殊情形規定如下：

一、共有財產之納稅義務人

共有財產，由管理人負納稅義務；未設管理人者，共有人各按其應有部分負納稅義務，其爲公同共有時，以全體公同共有人爲納稅義務人。（稽 12）

二、解散清算之納稅義務（稽 13）

1. 法人、合夥或非法人團體解散清算時，清算人於分配賸餘財產前，應依法按稅捐受清償之順序，繳清稅捐。
2. 清算人違反前項規定者，應就未清繳之稅捐負繳納義務。

三、遺產繼承之納稅義務（稽 14）

1. 納稅義務人死亡，遺有財產者，其依法應繳納之稅捐，應由遺囑執行人、繼承人、受遺贈人或遺產管理人，依法按稅捐受清償之順序，繳清稅捐後，始得分割遺產或交付遺贈。
2. 遺囑執行人、繼承人、受遺贈人或遺產管理人，違反前項規定者，應就未清繳之稅捐，負繳納義務。

四、合併消滅之納稅義務

營利事業因合併而消滅時，其在合併前之應納稅捐，應由合併後存續或另立之營利事業負繳納之義務。（稽 15）

稅捐互惠原則

一、外國使領館及外交人員互惠免稅

財政部得本互惠原則，對外國派駐中華民國之使領館及享受外交官待遇之人員，暨對雙方同意給與免稅待遇之機構及人員，核定免徵稅捐。（稽 4）

二、國際互惠免稅

財政部得本互惠原則，與外國政府商訂互免稅捐，於報經行政院核准後，以外交換文方式行之。（稽 5）

三、本互惠原則與外國政府或國際組織商訂稅務用途資訊交換及其他稅務協助之條約或協定，以及限制（稽 5-1）

1. 財政部得本互惠原則，與外國政府或國際組織商訂稅務用途資訊交換及相互提供其他稅務協助之條約或協定，於報經行政院核准後，以外交換文方式行之。

2. 與外國政府或國際組織進行稅務用途資訊交換及提供其他稅務協助，應基於互惠原則，依已生效之條約或協定辦理；條約或協定未規定者，依本法及其他法律規定辦理。但締約他方有下列情形之一者，不得與其進行資訊

交換：

(1)無法對等提供我國同類資訊。

(2)對取得之資訊予以保密，顯有困難。

(3)請求提供之資訊非為稅務用途。

(4)請求資訊之提供將有損我國公共利益。

(5)未先盡其調查程序之所能提出個案資訊交換請求。

3. 財政部或其授權之機關執行條約或協定所需資訊，依下列規定辦理；應配合提供資訊者不得規避、妨礙或拒絕，並不受本法及其他法律有關保密規定之限制：

(1)應另行蒐集之資訊：得向有關機關、機構、團體、事業或個人進行必要之調查或通知到財政部或其授權之機關辦公處所備詢，要求其提供相關資訊。

(2)應自動或自發提供締約他方之資訊：有關機關、機構、團體、事業或個人應配合提供相關之財產、所得、營業、納稅、金融帳戶或其他稅務用途資訊；應進行金融帳戶盡職審查或其他審查之資訊，並應於審查後提供。

4. 財政部或其授權之機關依條約或協定提供資訊予締約他方主管機關，不受本法及其他法律有關保密規定之限制。

5. 前二項所稱其他法律有關保密規定，指下列金融及稅務法律有關保守秘密規定：

(1)銀行法、金融控股公司法、國際金融業務條例、票券金融管理法、信託業法、信用合作社法、電子票證發

行管理條例、電子支付機構管理條例、金融資產證券化條例、期貨交易法、證券投資信託及顧問法、保險法、郵政儲金匯兌法、農業金融法、中央銀行法、所得稅法及關稅法有關保守秘密規定。

(2)經財政部會商各法律中央主管機關公告者。

6. 第 1 項條約或協定之範圍、執行方法、提出請求、蒐集、第 3 項第 2 款資訊之內容、配合提供之時限、方式、盡職審查或其他審查之基準、第 4 項提供資訊予締約他方之程序及其他相關事項之辦法，由財政部會商金融監督管理委員會及相關機關定之。

7. 本法中華民國 106 年 5 月 26 日修正之條文施行前已簽訂之租稅協定定有稅務用途資訊交換及其他稅務協助者，於修正之條文施行後，適用第 2 項至第 4 項及依前項所定辦法之相關規定。

稅捐優先受償權

一、意義

稅捐為國家之債權（公法上之租稅債權），納稅義務人之債務。此等債權原應與其他債權立於同等地位而受清償。惟公共事項之推動經費來自稅收，而國家為確保稅收，在必要的情形下，依法規定部分稅捐可優先於普通債權，甚至可優先於抵押權而受清償。

二、內容（稽6）

1. 稅捐之徵收，優先於普通債權。

2. 土地增值稅、地價稅、房屋稅之徵收及法院、法務部行政執行署所屬行政執行分署（以下簡稱行政執行分署）執行拍賣或變賣貨物應課徵之營業稅，優先於一切債權及抵押權。

3. 經法院、行政執行分署執行拍賣或交債權人承受之土地、房屋及貨物，法院或行政執行分署應於拍定或承受5日內，將拍定或承受價額通知當地主管稅捐稽徵機關，依法核課土地增值稅、地價稅、房屋稅及營業稅，並由法院或行政執行分署代為扣繳。

附 註

稅捐稽徵法施行細則第 3 條

　　本法第六條第二項土地增值稅、地價稅、房屋稅之徵收優先受償之規定，以該土地及建築物所應課徵之土地增值稅、地價稅、房屋稅為限。

4. 破產財團成立後，其應納稅捐為財團費用，由破產管理人依破產法之規定清償之。（稽7）亦即破產之應納稅捐優先於破產債權而為清償。

5. 公司重整中所發生之稅捐，爲公司重整債務，依公司法
之規定清償之。（稽8）亦即優先於重整債權而爲清償。

受償之先後順序
1. 土地增值稅、地價稅、房屋稅。
2. 破產及公司重整之應納稅捐。
3. 抵押債權。
4. 普通債權。

納稅義務人應爲行爲之時間及憑證保存之年限

一、納稅人應為行為之時間

納稅義務人應爲之行爲，應於稅捐稽徵機關之辦公時間內爲
之。但繳納稅捐，應於代收稅款機構之營業時間內爲之。（稽9）

二、憑證保存年限

依稅法規定應自他人取得之憑證及給予他人憑證之存根或副
本，應保存 5 年。（稽11）

繳納通知文書

一、繳納通知文書應載明內容（文書要式性）

繳納通知文書，應載明繳納義務人之姓名或名稱、地址、稅別、稅額、稅率、繳納期限等項，由稅捐稽徵機關填發。（稽16）

二、錯誤、重複得要求查對更正

納稅義務人如發現繳納通知文書有記載、計算錯誤或重複時，於規定繳納期間內，得要求稅捐稽徵機關，查對更正。（稽17）

稅捐文書之送達

一、繳納稅捐文書送達期限

繳納稅捐之文書，稅捐稽徵機關應於該文書所載開始繳納稅捐日期前送達。（稽18）

二、應受送達人（委託送達）（稽19Ⅰ、Ⅱ）

1. 為稽徵稅捐所發之各種文書，得向納稅義務人之代理人、代表人、經理人或管理人以為送達。
2. 應受送達人在服役中者，得向其父母或配偶以為送達；無父母或配偶者，得委託服役單位代為送達。
3. 為稽徵土地稅或房屋稅所發之各種文書，得以使用人為應受送達人。

4. 納稅義務人為全體公同共有人者，繳款書得僅向其中一人送達；稅捐稽徵機關應另繕發核定稅額通知書並載明繳款書受送達者及繳納期間，於開始繳納稅捐日期前送達全體公同共有人。但公同共有人有無不明者，得以公告代之，並自黏貼公告欄之翌日起發生效力。

5. 稅捐稽徵機關對於按納稅義務人申報資料核定之案件，得以公告方式，載明申報業經核定，代替核定稅額通知書之填具及送達。但各稅法另有規定者，從其規定。

6. 前項案件之範圍、公告之實施方式及其他應遵行事項之辦法，由財政部定之。

附 註

大法官解釋：釋字第 663 號

解釋日期：民國 98 年 7 月 10 日

　　稅捐稽徵法第十九條第三項規定，為稽徵稅捐所發之各種文書，「對公同共有人中之一人為送達者，其效力及於全體。」此一規定，關於稅捐稽徵機關對公同共有人所為核定稅捐之處分，以對公同共有人中之一人為送達，即對全體公同共有人發生送達效力之部分，不符憲法正當法律程序之要求，致侵害未受送達之公同共有人之訴願、訴訟權，與憲法第十六條之意旨有違，應自本解釋公布日起，至遲於屆滿二年時，失其效力。

稅捐之徵收

＊核課期間

一、意義

1. 課稅事實發生後，政府應予發單徵收之一定期間。逾此期間即喪失核課之權，謂之核課期間。此核課權屬形成權，其有除斥期間之性質，為不受中斷影響之絕對期間。

2. 稅捐稽徵機關對納稅義務人行使其核課稅捐之權，確定納稅義務人納稅義務之具體事項。稅捐稽徵機關在此核課期間內發現應課徵之稅捐皆可核課；如稅捐稽徵機關未於核課期間內核課，之後即不得再補稅處罰。

二、期間（稽 21）

1. 稅捐之核課期間，依下列規定：

  ⑴依法應由納稅義務人申報繳納之稅捐，已在規定期間內申報，且無故意以詐欺或其他不正當方法逃漏稅捐者，其核課期間為 5 年。

  ⑵依法應由納稅義務人實貼之印花稅，及應由稅捐稽徵機關依稅籍底冊或查得資料核定課徵之稅捐，其核課期間為 5 年。

  ⑶未於規定期間內申報，或故意以詐欺或其他不正當方法逃漏稅捐者，其核課期間為 7 年。

2. 在前項核課期間內，經另發現應徵之稅捐者，仍應依法補徵或並予處罰；在核課期間內未經發現者，以後不得

再補稅處罰。

3. 稅捐之核課期間屆滿時，有下列情形之一者，其時效不
完成：

⑴納稅義務人對核定稅捐處分提起行政救濟尚未終結
者，自核定稅捐處分經訴願或行政訴訟撤銷須另為處
分確定之日起算 1 年內。

⑵因天災、事變或不可抗力之事由致未能作成核定稅捐
處分者，自妨礙事由消滅之日起算 6 個月內。

4. 核定稅捐處分經納稅義務人於核課期間屆滿後申請復查
或於核課期間屆滿前 1 年內經訴願或行政訴訟撤銷須另
為處分確定者，準用前項第 1 款規定。

5. 稅捐之核課期間，不適用行政程序法第 131 條第 3 項至
第 134 條有關時效中斷之規定。

6. 中華民國 110 年 11 月 30 日修正之本條文施行時，尚未
核課確定之案件，亦適用前三項規定。

三、起算（稽 22）

核課期間之起算，依下列規定：

1. 依法應由納稅義務人申報繳納之稅捐，已在規定期間內
申報者，自申報日起算。

2. 依法應由納稅義務人申報繳納之稅捐，未在規定期間內
申報繳納者，自規定申報期間屆滿之翌日起算。

3. 印花稅自依法應貼用印花稅票日起算。

4. 由稅捐稽徵機關按稅籍底冊或查得資料核定徵收之稅捐，自該稅捐所屬徵期屆滿之翌日起算。

5. 土地增值稅自稅捐稽徵機關收件日起算。但第 6 條第 3 項規定案件，自稅捐稽徵機關受法院或行政執行分署通知之日起算。

6. 稅捐減免所依據處分、事實事後發生變更、不存在或所負擔義務事後未履行，致應補徵或追繳稅款，或其他無法依前五款規定起算核課期間者，自核課權可行使之日起算。

＊徵收期間（追徵時效）

一、意義

稅捐稽徵機關根據已確定之租稅債權，對納稅義務人行使徵收權之期間稱為徵收期間或稱追徵時效。此應徵之稅捐如未於徵收之期間內徵起者，往後即不得再行徵收。亦即經稅捐稽徵機關發單徵收之稅捐，稅捐稽徵機關應於一定期間內徵收完竣，逾此期間即喪失徵收之權，且不得再行徵收。

二、時效

1. 徵收期間之起算

稅捐之徵收期間為 5 年，自繳納期間屆滿之翌日起算；應徵之稅捐未於徵收期間徵起者，不得再行徵收。但於徵收期間屆滿前，已移送執行，或已依強制執行法規定聲明參與分配，或已依破產法規定申報債權尚未結案

者，不在此限。（稽 23 Ⅰ）

2. 例外情形

有下列情形，自各該變更繳納期間屆滿之翌日起算：

⑴因天災、事變而遲誤依法所定繳納稅捐期間，經該管稅捐稽徵機關核准延長其繳納期間者。（稽 10）

⑵有下列情形之一者，稅捐稽徵機關，對於依法應徵收之稅捐，得於法定開徵日期前稽徵之。但納稅義務人能提供相當擔保者，不在此限：（稽 25 Ⅰ）

A.納稅義務人顯有隱匿或移轉財產，逃避稅捐執行之跡象者。

B.納稅義務人於稅捐法定徵收日期前，申請離境者。

C.因其他特殊原因，經納稅義務人申請者。

⑶納稅義務人因天災、事變、不可抗力之事由或為經濟弱勢者，不能於法定期間內繳清稅捐者，得於規定納稅期間內，向稅捐稽徵機關申請延期或分期繳納，其延期或分期繳納之期間，不得逾 3 年。前項天災、事變、不可抗力之事由、經濟弱勢者之認定及實施方式之辦法，由財政部定之。（稽 26）

⑷納稅義務人對核准延期或分期繳納之任何一期應繳稅捐，未如期繳納者，稅捐稽徵機關應於該期繳納期間屆滿之翌日起 3 日內，就未繳清之餘額稅款，發單通知納稅義務人，限 10 日內一次全部繳清；逾期仍未繳納者，移送強制執行。（稽 27）

3. 暫緩執行或停止執行期間之扣除（稽 23 Ⅲ）

納稅義務人依第 39 條（申請復查）暫緩移送執行或其他法律規定停止稅捐之執行者，徵收期間之計算，應扣除暫緩執行或停止執行之期間。

4. 徵收期間之除斥期間（稽 23 Ⅳ）

稅捐之徵收，於徵收期間屆滿前已移送執行者，自徵收期間屆滿之翌日起，5 年內未經執行者，不再執行；其於 5 年期間屆滿前已開始執行，仍得繼續執行，但自 5 年期間屆滿之日起已逾 5 年尚未執行終結者，不得再執行。

5. 本法修正前已移送尚未終止之除斥期間（稽 23 Ⅴ）

本法中華民國 96 年 3 月 5 日修正前已移送執行尚未終結之案件，自修正之日起逾 5 年尚未執行終結者，不再執行。但截至 106 年 3 月 4 日納稅義務人欠繳稅捐金額達新臺幣 1,000 萬元或執行期間有下列情形之一者，仍得繼續執行，其執行期間不得逾 121 年 3 月 4 日：

⑴行政執行分署依行政執行法第 17 條規定，聲請法院裁定拘提或管收義務人確定。

⑵行政執行分署依行政執行法第 17 條之 1 第 1 項規定，對義務人核發禁止命令。

核課期間及徵收期間之區別

	核課期間	徵收期間
意義	稅捐稽徵機關確定租稅債權之期間。	稅捐稽徵機關向納稅義務人要求繳納稅款之期間。
性質	形成權	請求權
權利由來	核課權	徵收權
權利發生之先後	先	後
期間之性質	除斥期間	消滅時效
期間之扣除	不能扣除	可扣除暫緩執行或停止執行之期間
期間之起算	依納稅義務人申報繳納、實貼之印花及由稅捐稽徵機關依稅籍底冊或查得資料核定課徵之稅捐而有不同。	自繳納期間屆滿之翌日起算。
期間之長度	1. 依法應由納稅義務人申報繳納之稅捐，已在規定期間內申報，且無故意以詐欺或其他不正當方法逃漏稅捐者，其核課期間為5年。 2. 依法應由納稅義務人實貼之印花稅，及應由稅捐稽徵機關依稅籍底冊或查得資料核定課徵之稅捐，其核課期間為5年。 3. 未於規定期間內申報，或故意以詐欺或其他不正當方法逃漏稅捐者；其核課期間為7年。	稅捐之徵收期間為5年，自繳納期間屆滿之翌日起算；應徵之稅捐未於徵收期間徵起者，不得再行徵收。

逾期繳納

一、滯納金（稽20）

1. 依稅法規定逾期繳納稅捐應加徵滯納金者，每逾 3 日按滯納數額加徵 1% 滯納金；逾 30 日仍未繳納者，移送強制執行。但因不可抗力或不可歸責於納稅義務人之事由，致不能依第 26 條、第 26 條之 1 規定期間申請延期或分期繳納稅捐者，得於其原因消滅後 10 日內，提出具體證明，向稅捐稽徵機關申請回復原狀並同時補行申請延期或分期繳納，經核准者，免予加徵滯納金。

2. 中華民國 110 年 11 月 30 日修正之本條文施行時，欠繳應納稅捐且尚未逾計徵滯納金期間者，適用修正後之規定。

二、強制執行

1. 移送法院強制執行之時期
   (1)納稅義務人應納稅捐，於繳納期間屆滿 30 日後仍未繳納者，由稅捐稽徵機關移送強制執行。（稽 39 Ⅰ）
   (2)依稅法規定逾期繳納稅捐應加徵滯納金者，每逾 3 日按滯納數額加徵 1% 滯納金；逾 30 日仍未繳納者，移送強制執行。（稽 20 Ⅰ）
   (3)納稅義務人對核准延期或分期繳納之任何一期應繳稅捐，未如期繳納者，稅捐稽徵機關應於該期繳納期間屆滿之翌日起 3 日內，就未繳清之餘額稅款，發單通知納稅義務人，限 10 日內一次全部繳清；逾期仍未繳

納者，移送強制執行。（稽27）

2. **暫緩移送法院強制執行**

納稅義務人提起行政救濟，原則上不停止原處分之執行。換句話說，納稅義務人提起復查、訴願及行政訴訟等行政救濟程序，稅捐稽徵機關仍得對逾期繳納稅款者移送法院強制執行。但稅捐稽徵法特別規定下列情形得停止強制執行：

⑴納稅義務人應納稅捐，於繳納期間屆滿30日後仍未繳納者，由稅捐稽徵機關移送強制執行。但納稅義務人已依第35條規定申請復查者，暫緩移送強制執行。（稽39 I）

⑵前項暫緩執行之案件，除有下列情形之一者外，稅捐稽徵機關應移送強制執行：（稽39 II）

A. 納稅義務人對復查決定之應納稅額繳納三分之一，並依法提起訴願。

B. 納稅義務人依前款規定繳納三分之一稅額確有困難，經稅捐稽徵機關核准，提供相當擔保。

C. 納稅義務人依前二款規定繳納三分之一稅額及提供相當擔保確有困難，經稅捐稽徵機關依第24條第1項第1款規定，已就納稅義務人相當於復查決定應納稅額之財產，通知有關機關，不得為移轉或設定他項權利。

3. 撤回或停止強制執行

　　稅捐稽徵機關，認為移送法院強制執行不當者，得撤回執行。已在執行中者，應即聲請停止執行。（稽 40）

三、免徵、免退或免予移送強制執行之情形

　　依本法或稅法規定應補或應移送強制執行之稅捐在一定金額以下者，財政部得視實際需要，報請行政院核定免徵或免予移送強制執行。（稽 25-1）

租稅保全

一、欠繳應納稅捐之保全（稽 24）

1. 不得移轉或設定他項權利

　　納稅義務人欠繳應納稅捐者，稅捐稽徵機關得就納稅義務人相當於應繳稅捐數額之財產，通知有關機關，不得為移轉或設定他項權利。

2. 限制減資

　　納稅義務人欠繳應納稅捐，其為營利事業者，得通知主管機關限制其減資之登記。

3. 聲請假扣押

　　納稅義務人有隱匿或移轉財產、逃避稅捐執行之跡象者，稅捐稽徵機關得於繳納通知文書送達後，聲請法院就其財產實施假扣押，並免提供擔保；其屬納稅義務人已依法申報而未繳納稅捐者，稅捐稽徵機關得於法定繳

納期間屆滿後聲請假扣押。

4. 限制出境

⑴在中華民國境內居住之個人或在中華民國境內之營利
事業，其已確定之應納稅捐逾法定繳納期限尚未繳納
完畢，所欠繳稅款及已確定之罰鍰單計或合計，個人
在新臺幣 100 萬元以上，營利事業在新臺幣 200 萬元
以上者；其在行政救濟程序終結前，個人在新臺幣 150
萬元以上，營利事業在新臺幣 300 萬元以上，得由財
政部函請內政部移民署限制其出境；其為營利事業者，
得限制其負責人出境，並應依下列規定辦理。

A.財政部函請內政部移民署限制出境時，應同時以書
面敘明理由並附記救濟程序通知當事人，依法送達。

B.限制出境之期間，自內政部移民署限制出境之日
起，不得逾 5 年。

⑵納稅義務人或其負責人經限制出境後，有下列各款情
形之一者，財政部應函請內政部移民署解除其出境限
制：

A.限制出境已逾前項第 B 款所定期間。

B.已繳清全部欠稅及罰鍰，或向稅捐稽徵機關提供欠
稅及罰鍰之相當擔保。

C.納稅義務人對核定稅捐處分依法提起行政救濟，經
訴願或行政訴訟撤銷須另為處分確定。但一部撤銷
且其餘未撤銷之欠稅金額達前項所定標準，或納稅

義務人有隱匿或移轉財產、逃避稅捐執行之跡象，其出境限制不予解除。

D.經行政救濟及處罰程序終結，確定之欠稅及罰鍰合計金額未達前項所定標準。

E.欠稅之公司或有限合夥組織已依法解散清算，且無賸餘財產可資抵繳欠稅及罰鍰。

F.欠稅人就其所欠稅款已依破產法規定之和解或破產程序分配完結。

5. 關於稅捐之徵收，準用民法第 242 條至第 245 條、信託法第 6 條及第 7 條規定。

二、未到期稅捐之保全──提前開徵（稽 25）

1. 有下列情形之一者，稅捐稽徵機關，對於依法應徵收之稅捐，得於法定開徵日期前稽徵之。但納稅義務人能提供相當擔保者，不在此限：

   ⑴納稅義務人顯有隱匿或移轉財產，逃避稅捐執行之跡象者。

   ⑵納稅義務人於稅捐法定徵收日期前，申請離境者。

   ⑶因其他特殊原因，經納稅義務人申請者。

2. 納稅義務人受破產宣告或經裁定為公司重整前，應徵收之稅捐而未開徵者，於破產宣告或公司重整裁定時，視為已到期之破產債權或重整債權。

附 註

稅捐稽徵法第 11 條之 1

　　本法所稱相當擔保，係指相當於擔保稅款之下列擔保品：

一、黃金，按九折計算，經中央銀行掛牌之外幣、上市或上櫃之有價證券，按八折計算。

二、政府發行經規定可十足提供公務擔保之公債，按面額計值。

三、銀行存款單摺，按存款本金額計值。

四、易於變價、無產權糾紛且能足額清償之土地或已辦妥建物所有權登記之房屋。

五、其他經財政部核准，易於變價及保管，且無產權糾紛之財產。

　　前項第一款、第四款與第五款擔保品之計值、相當於擔保稅款之認定及其他相關事項之辦法，由財政部定之。

緩繳（延期及分期繳納）

一、延期或分期繳納（稽26）

1. 納稅義務人因天災、事變、不可抗力之事由或為經濟弱勢者，不能於法定期間內繳清稅捐者，得於規定納稅期間內，向稅捐稽徵機關申請延期或分期繳納，其延期或分期繳納之期間，不得逾 3 年。

2. 前項天災、事變、不可抗力之事由、經濟弱勢者之認定及實施方式之辦法，由財政部定之。

二、分期繳納之申請（稽 26-1）

1. 納稅義務人有下列情形之一，不能於法定期間內繳清稅捐者，得於規定納稅期限內，向稅捐稽徵機關申請分期繳納：
   (1)依法應繳納所得稅，因客觀事實發生財務困難。
   (2)經稅捐稽徵機關查獲應補徵鉅額稅捐。
   (3)其他經直轄市政府、縣（市）政府或鄉（鎮、市）公所認定符合分期繳納地方稅之事由。

2. 前項經核准分期繳納之期間，不得逾 3 年，並應自該項稅款原訂繳納期間屆滿之翌日起，至繳納之日止，依各年度 1 月 1 日郵政儲金一年期定期儲金固定利率，按日加計利息，一併徵收；應繳稅款個人在新臺幣 100 萬元以上，營利事業在新臺幣 200 萬元以上者，稅捐稽徵機關得要求納稅義務人提供相當擔保。但其他法律或地方自治團體就主管地方稅另有規定者，從其規定。

3. 第 1 項第(1)款因客觀事實發生財務困難與第(2)款鉅額稅捐之認定、前項納稅義務人提供相當擔保之範圍及實施方式之辦法，由財政部定之；第 1 項第(3)款分期繳納地方稅之事由及實施方式之辦法，由各級地方政府依社會經濟情況及實際需要定之。

三、緩繳逾期之處理

　　納稅義務人對核准延期或分期繳納之任何一期應繳稅捐，未如期繳納者，稅捐稽徵機關應於該期繳納期間屆滿之翌日起 3 日內，就未繳清之餘額稅款，發單通知納稅義務人，限 10 日內一次全部繳清；逾期仍未繳納者，移送強制執行。（稽 27）

退稅（錯誤或溢繳之退稅）（稽 28）

一、因適用法令、認定事實、計算或其他原因之錯誤，致溢繳稅款者，納稅義務人得自繳納之日起 10 年內提出具體證明，申請退還；屆期未申請者，不得再行申請。但因可歸責於政府機關之錯誤，致溢繳稅款者，其退稅請求權自繳納之日起 15 年間不行使而消滅。

二、稅捐稽徵機關於前項規定期間內知有錯誤原因者，應自知有錯誤原因之日起 2 年內查明退還。

三、納稅義務人對核定稅捐處分不服，依法提起行政救濟，經行政法院實體判決確定者，不適用前二項規定。

四、第 1 項規定溢繳之稅款，納稅義務人以現金繳納者，應自其繳納該項稅款之日起，至填發收入退還書或國庫支票之日止，按溢繳之稅額，依各年度 1 月 1 日郵政儲金一年期定期儲金固定利率，按日加計利息，一併退還。

五、中華民國 110 年 11 月 30 日修正之本條文施行時，因修正施行前第 1 項事由致溢繳稅款，尚未逾 5 年之申請退還期間

者，適用修正施行後之第 1 項本文規定；因修正施行前第 2 項事由致溢繳稅款者，應自修正施行之日起 15 年內申請退還。

六、中華民國 110 年 11 月 30 日修正之本條文施行前，因修正施行前第 1 項或第 2 項事由致溢繳稅款者，於修正施行後申請退還，或於修正施行前已申請尚未退還或已退還尚未確定案件，適用第 4 項規定加計利息一併退還。但修正施行前之規定有利於納稅義務人者，適用修正施行前之規定。

七、行為人明知無納稅義務，違反稅法或其他法律規定所繳納之款項，不得依第 1 項規定請求返還。

課稅資料之調查與搜查

一、提示或備詢

　　1. 稅捐稽徵機關或財政部賦稅署指定之調查人員，為調查課稅資料，得向有關機關、團體或個人進行調查，要求提示帳簿、文據或其他有關文件，或通知納稅義務人，到達其辦公處所備詢，被調查者不得拒絕。（稽 30 Ⅰ）

　　2. 前項調查，不得逾課稅目的之必要範圍。（稽 30 Ⅱ）

　　3. 被調查者以調查人員之調查為不當者，得要求調查人員之服務機關或其上級主管機關為適當之處理。（稽 30 Ⅲ）

　　4. 納稅義務人及其他關係人提供帳簿、文據或其他有關文件時，該管稽徵機關或財政部賦稅署應掣給收據，除涉

嫌違章漏稅者外，應於帳簿、文據或其他有關文件提送完全之日起，30日內發還之；其有特殊情形，經該管稽徵機關或賦稅署首長核准者，得延長發還時間30日，並以1次爲限。（稽30 IV）

5. 稅捐稽徵機關或財政部指定之調查人員依法執行公務時，應出示有關執行職務之證明文件；其未出示者，被調查者得拒絕之。（稽32）

二、搜查及扣押（稽31）

1. 稅捐稽徵機關對逃漏所得稅及營業稅涉有犯罪嫌疑之案件，得敘明事由，聲請當地司法機關簽發搜索票後，會同當地警察或自治人員，進入藏置帳簿、文件或證物之處所，實施搜查；搜查時非上述機關人員不得參與。經搜索獲得有關帳簿、文件或證物，統由參加搜查人員，會同攜回該管稽徵機關，依法處理。

2. 司法機關接到稽徵機關前項聲請時，如認有理由，應儘速簽發搜索票；稽徵機關應於搜索票簽發後10日內執行完畢，並將搜索票繳回司法機關。其他有關搜索及扣押事項，準用刑事訴訟法之規定。

課稅資料之保密

一、課稅資料保密原則

稅捐稽徵人員對於納稅義務人之財產、所得、營業、納稅等

資料，除對下列人員及機關外，應絕對保守秘密：(稽 33 Ⅰ)

　　1. 納稅義務人本人或其繼承人。

　　2. 納稅義務人授權代理人或辯護人。

　　3. 稅捐稽徵機關。

　　4. 監察機關。

　　5. 受理有關稅務訴願、訴訟機關。

　　6. 依法從事調查稅務案件之機關。

　　7. 經財政部核定之機關與人員。

　　8. 債權人已取得民事確定判決或其他執行名義者。

　　第 1 項第 4 款至第 8 款之人員及機關，對稅捐稽徵機關所提供第 1 項之資料，不得另作其他目的使用；第 1 項第 4 款至第 7 款之機關人員或第 8 款之人員，如有洩漏情事，準用第 43 條第 3 項洩漏秘密之規定。(稽 33 Ⅲ)

二、免責規定

　　1. **為統計、教學、研究與監督目的而供應資料**

　　　稅捐稽徵機關對其他政府機關、學校與教研人員、學術研究機構與研究人員、民意機關與民意代表等為統計、教學、研究與監督目的而供應資料，並不洩漏納稅義務人之姓名或名稱，且符合政府資訊公開法規定者，不受前項之限制。(稽 33 Ⅱ)

　　2. **重大欠稅、逃漏稅捐案件**

　　　財政部或經其指定之稅捐稽徵機關，對重大欠稅案件或

重大逃漏稅捐案件經確定後，得公告其欠稅人或逃漏稅捐人姓名或名稱與內容，不受限制。（稽34Ⅰ）

3. 高額納稅人

財政部或經其指定之稅捐稽徵機關，對於納稅額較高之納稅義務人，得經其同意，公告其姓名或名稱，並予獎勵；其獎勵辦法，由財政部定之。（稽34Ⅱ）

三、違反處罰

1. 第1項第4款至第8款之人員及機關，對稅捐稽徵機關所提供第1項之資料，不得另作其他目的使用；第1項第4款至第7款之機關人員或第8款之人員，如有洩漏情事，準用第43條第3項洩漏秘密之規定。（稽33Ⅲ）

2. 教唆或幫助犯第41條或第42條之罪者，處3年以下有期徒刑，併科新臺幣100萬元以下罰金。（稽43Ⅰ）

3. 稅務人員、執行業務之律師、會計師或其他合法代理人犯前項之罪者，加重其刑至二分之一。（稽43Ⅱ）

4. 稅務稽徵人員違反第33條第1項規定者，處新臺幣3萬元以上15萬元以下罰鍰。（稽43Ⅲ）

重大逃欠稅及優良納稅人之公告（稽34）

一、重大欠稅人

財政部或經其指定之稅捐稽徵機關，對重大欠稅案件或重大逃漏稅捐案件經確定後，得公告其欠稅人或逃漏稅捐人姓名或名

稱與內容，不受限制。

二、優良納稅人

財政部或經其指定之稅捐稽徵機關，對於納稅額較高之納稅義務人，得經其同意，公告其姓名或名稱，並予獎勵；其獎勵辦法，由財政部定之。

三、第 1 項所稱確定，指有下列情形之一者

1. 經稅捐稽徵機關核定之案件，納稅義務人未依法申請復查。
2. 經復查決定，納稅義務人未依法提起訴願。
3. 經訴願決定，納稅義務人未依法提起行政訴訟。
4. 經行政訴訟終局裁判確定。

稅捐之行政救濟

一、意義

納稅義務人對於稅捐稽徵機關之行政處分認為違法或不當，致損害其權益者，應依規定格式，敘明理由，連同證明文件，於法令所定期限內，向原處分機關或其上級機關聲請撤銷或變更原處分之決定，以維護納稅義務人之權益。

二、程序

有關納稅義務人對稅捐稽徵機關之處分認有違法或不當時，其行政救濟之途徑有申請復查、訴願及行政訴訟等管道，茲

分別說明如下：

1. 復查（稽 35）

   (1)申請復查之時機：

   納稅義務人對於稅捐稽徵機關核定稅捐之處分不服。

   A.申請復查之方式及期限

   納稅義務人對於核定稅捐之處分如有不服，應依規定格式，敘明理由，連同證明文件，依下列規定，申請復查：

   a. 依核定稅額通知書所載有應納稅額或應補徵稅額者，應於繳款書送達後，於繳納期間屆滿之翌日起 30 日內，申請復查。

   b. 依核定稅額通知書所載無應納稅額或應補徵稅額者，應於核定稅額通知書送達之翌日起 30 日內，申請復查。

   c. 依第 19 條第 3 項規定受送達核定稅額通知書或以公告代之者，應於核定稅額通知書或公告所載應納稅額或應補徵稅額繳納期間屆滿之翌日起 30 日內，申請復查。

   d. 依第 19 條第 4 項或各稅法規定以公告代替核定稅額通知書之填具及送達者，應於公告之翌日起 30 日內，申請復查。

   (2)前項復查之申請，以稅捐稽徵機關收受復查申請書之日期為準。但交由郵務機構寄發復查申請書者，以郵

寄地郵戳所載日期爲準。

⑶遲誤期間回復原狀：納稅義務人或其代理人，因天災事變或其他不可抗力之事由，遲誤申請復查期間者，於其原因消滅後 1 個月內，得提出具體證明，申請回復原狀，並應同時補行申請復查期間內應爲之行爲。但遲誤申請復查期間已逾 1 年者，不得申請。

⑷復查決定：

A.稅捐稽徵機關對有關復查之申請，應於接到申請書之翌日起 2 個月內復查決定，並作成決定書，通知納稅義務人；納稅義務人爲全體公同共有人者，稅捐稽徵機關應於公同共有人最後得申請復查之期間屆滿之翌日起 2 個月內，就分別申請之數宗復查合併決定。

B.前項期間屆滿後，稅捐稽徵機關仍未作成決定者，納稅義務人得逕行提起訴願。

稅捐稽徵法施行細則第 11 條

　　納稅義務人依本法第三十五條規定申請復查時，應將下列證明文件連同復查申請書送交稅捐稽徵機關：

　　一、受送達繳款書或已繳納稅捐者，爲原繳款書或繳納

收據影本。

二、前款以外情形者，為核定稅額通知書。

前項復查申請書應載明下列事項，由申請人簽名或蓋章：

一、申請人之姓名、出生年月日、性別、身分證明文件字號、住、居所。如係法人或其他設有管理人或代表人之團體，其名稱、事務所或營業所及管理人或代表人之姓名、出生年月日、性別、住、居所。有代理人者，其姓名、出生年月日、性別、身分證明文件字號、住、居所及代理人證明文件。

二、原處分機關。

三、復查申請事項。

四、申請復查之事實及理由。

五、證據。其為文書者應填具繕本或影本。

六、受理復查機關。

七、年、月、日。

2. 訴願

(1)申請訴願之時機：

A.納稅義務人對稅捐稽徵機關之復查決定如有不服，得依法提起訴願及行政訴訟。（稽 38 Ⅰ）

B.稅捐稽徵機關對有關復查之申請，應於接到申請書之翌日起 2 個月內復查決定，並作成決定書，通知納稅義務人。（稽 35 Ⅳ）

C.前項期間屆滿後，稅捐稽徵機關仍未作成決定者，納稅義務人得逕行提起訴願。（稽 35 V）

⑵申請訴願之期限：

訴願之提起，應自行政處分達到或公告期滿之次日起 30 日內為之。（訴願法 14 I）

⑶訴願決定：

訴願之決定，自收受訴願書之次日起，應於 3 個月內為之；必要時，得予延長，並通知訴願人及參加人。延長以 1 次為限，最長不得逾 2 個月。（訴願法 85 I）

3. 行政訴訟

⑴聲請時機：

A.人民因中央或地方機關之違法行政處分，認為損害其權利或法律上之利益，經依訴願法提起訴願而不服其決定，或提起訴願逾 3 個月不為決定，或延長訴願決定期間逾 2 個月不為決定者，得向行政法院提起撤銷訴訟。（行政訴訟法 4 I）

B.即先向核發稅單之單位申請復查，納稅義務人對復查決定如有不服時，再向其上級行政機關提起訴願，納稅義務人對訴願決定如有不服時，再向高等行政法院提起行政訴訟（第一審），納稅義務人對高等行政法院的判決如有不服時，可再向最高行政法院提起行政訴訟（第二審）。

(2)聲請期限：

撤銷訴訟之提起，除本法別有規定外，應於訴願決定書送達後 2 個月之不變期間內爲之。但訴願人以外之利害關係人知悉在後者，自知悉時起算。（行政訴訟法 106 I）

退稅及補稅

一、退還稅款並加計利息

經依復查、訴願或行政訴訟等程序終結決定或判決，應退還稅款者，稅捐稽徵機關應於復查決定，或接到訴願決定書，或行政法院判決書正本後 10 日內退回；並自納稅義務人繳納該項稅款之日起，至填發收入退還書或國庫支票之日止，按退稅額，依各年度 1 月 1 日郵政儲金一年期定期儲金固定利率，按日加計利息，一併退還。（稽 38 II）

二、補繳稅款並加計利息

經依復查、訴願或行政訴訟程序終結決定或判決，應補繳稅款者，稅捐稽徵機關應於復查決定，或接到訴願決定書，或行政法院判決書正本後 10 日內，填發補繳稅款繳納通知書，通知納稅義務人繳納；並自該項補繳稅款原應繳納期間屆滿之次日起，至填發補繳稅款繳納通知書之日止，按補繳稅額，依各年度 1 月 1 日郵政儲金一年期定期儲金固定利率，按日加計利息，一併徵收。（稽 38 III）

三、過渡條款

本條中華民國 100 年 1 月 10 日修正施行前，經復查、訴願或行政訴訟程序終結，稅捐稽徵機關尚未送達收入退還書、國庫支票或補繳稅款繳納通知書之案件，或已送達惟其行政救濟利息尚未確定之案件，適用修正後之規定。但修正前之規定有利於納稅義務人者，適用修正前之規定。（稽 38 IV）

罰則

一、以詐術或不正當方法逃漏稅捐（租稅刑事罰）

1. 逃漏稅罪（稽 41）

   ⑴納稅義務人以詐術或其他不正當方法逃漏稅捐者，處 5 年以下有期徒刑，併科新臺幣 1,000 萬元以下罰金。

   ⑵犯前項之罪，個人逃漏稅額在新臺幣 1,000 萬元以上，營利事業逃漏稅額在新臺幣 5,000 萬元以上者，處 1 年以上 7 年以下有期徒刑，併科新臺幣 1,000 萬元以上 1 億元以下罰金。

2. 違反代徵或扣繳義務罪（稽 42）

   ⑴代徵人或扣繳義務人以詐術或其他不正當方法匿報、短報、短徵或不為代徵或扣繳稅捐者，處 5 年以下有期徒刑、拘役或科或併科新臺幣 6 萬元以下罰金。

   ⑵代徵人或扣繳義務人侵占已代繳或已扣繳之稅捐者，亦同。

3. 教唆或幫助逃漏稅罪（稽43）

⑴教唆或幫助犯第 41 條或第 42 條之罪者，處 3 年以下有期徒刑，併科新臺幣 100 萬元以下罰金。

⑵稅務人員、執行業務之律師、會計師或其他合法代理人犯前項之罪者，加重其刑至二分之一。

⑶稅務稽徵人員違反第 33 條第 1 項規定者，處新臺幣 3 萬元以上 15 萬元以下罰鍰。

4. 徒刑之適用對象（稽47）

⑴本法關於納稅義務人、扣繳義務人及代徵人應處刑罰之規定，於下列之人適用之：

A.公司法規定之公司負責人。

B.有限合夥法規定之有限合夥負責人。

C.民法或其他法律規定對外代表法人之董事或理事。

D.商業登記法規定之商業負責人。

E.其他非法人團體之代表人或管理人。

⑵前項規定之人與實際負責業務之人不同時，以實際負責業務之人爲準。

二、租稅行政罰

1. 未給與（取得、保存）憑證之處罰

營利事業依法規定應給與他人憑證而未給與，應自他人取得憑證而未取得，或應保存憑證而未保存者，應就其未給與憑證、未取得憑證或未保存憑證，經查明認定之

總額，處 5% 以下罰鍰。（稽 44 Ⅰ）

2. 例外免罰之情形

　　但營利事業取得非實際交易對象所開立之憑證，如經查明確有進貨事實及該項憑證確由實際銷貨之營利事業所交付，且實際銷貨之營利事業已依法處罰者，免予處罰。（稽 44 Ⅰ）

3. 處罰之上限

　　前項處罰金額最高不得超過新臺幣 100 萬元。（稽 44 Ⅱ）

4. 應保存之期限

　　依稅法規定應自他人取得之憑證及給予他人憑證之存根或副本，應保存 5 年。（稽 11）

5. 未設置、記載及保存帳簿之處罰（稽 45）

　　⑴依規定應設置帳簿而不設置，或不依規定記載者，處新臺幣 3,000 元以上 7,500 元以下罰鍰，並應通知限於 1 個月內依規定設置或記載；期滿仍未依照規定設置或記載者，處新臺幣 7,500 元以上 1 萬 5,000 元以下罰鍰，並再通知於 1 個月內依規定設置或記載；期滿仍未依照規定設置或記載者，應予停業處分，至依規定設置或記載帳簿時，始予復業。

　　⑵不依規定保存帳簿或無正當理由而不將帳簿留置於營業場所者，處新臺幣 1 萬 5,000 元以上 6 萬元以下罰鍰。

6. 拒絕調查、提示文件及備詢之處罰（稽 46）

　　⑴拒絕稅捐稽徵機關或財政部賦稅署指定之調查人員

調查，或拒不提示有關課稅資料、文件者，處新臺幣
3,000 元以上 3 萬元以下罰鍰。

⑵納稅義務人經稅捐稽徵機關或財政部賦稅署指定之調
查人員通知到達備詢，納稅義務人本人或受委任之合
法代理人，如無正當理由而拒不到達備詢者，處新臺
幣 3,000 元以下罰鍰。

租稅赦免（稅捐赦免、租稅特赦）

一、自動補報免罰加息（稽 48-1）

1. 納稅義務人自動向稅捐稽徵機關補報並補繳所漏稅款
者，凡屬未經檢舉、未經稅捐稽徵機關或財政部指定之
調查人員進行調查之案件，下列之處罰一律免除；其涉及
刑事責任者，並得免除其刑：

⑴第 41 條至第 45 條之處罰。（逃漏稅罪，違反代徵或
扣繳義務罪，教唆或幫助逃漏稅罪，未給與、取得、
保存憑證之處罰，未設置、記載及保存帳簿之處罰）

⑵各稅法所定關於逃漏稅之處罰。

2. 營利事業應保存憑證而未保存，如已給與或取得憑證且
帳簿記載明確，不涉及逃漏稅捐，於稅捐稽徵機關裁處
或行政救濟程序終結前，提出原始憑證或取得與原應保
存憑證相當之證明者，免依第 44 條規定處罰；其涉及刑
事責任者，並得免除其刑。

3. 第 1 項補繳之稅款，應自該項稅捐原繳納期限截止之次日起，至補繳之日止，就補繳之應納稅捐，依各年度 1 月 1 日郵政儲金一年期定期儲金固定利率，按日加計利息，一併徵收。

4. 納稅義務人於中華民國 110 年 11 月 30 日修正之本條文施行前漏繳稅款，而於修正施行後依第 1 項規定自動補報並補繳者，適用前項規定。但修正施行前之規定有利於納稅義務人者，適用修正施行前之規定。

二、輕微案件減免處罰（稽 48-2）

1. 依本法或稅法規定應處罰鍰之行為，其情節輕微，或漏稅在一定金額以下者，得減輕或免予處罰。

2. 前項情節輕微、金額及減免標準，由財政部定之。

三、裁罰案件適用從新從輕原則

納稅義務人違反本法或稅法之規定，適用裁處時之法律。但裁處前之法律有利於納稅義務人者，適用最有利於納稅義務人之法律。（稽 48-3）

停止獎勵（稽 48）

一、納稅義務人逃漏稅捐情節重大者，除依有關稅法規定處理外，財政部應停止並追回其違章行為所屬年度享受租稅優惠之待遇。

二、納稅義務人違反環境保護、勞工、食品安全衛生相關法律且
　　情節重大，租稅優惠法律之中央主管機關應通知財政部停止
　　並追回其違章行為所屬年度享受租稅優惠之待遇。

三、依前二項規定停止並追回其違章行為所屬年度享受租稅優
　　惠之待遇者，財政部應於該停止並追回處分確定年度之次
　　年，公告納稅義務人姓名或名稱，不受第33條第1項限制。

檢舉獎金之核發（稽 49-1）

一、檢舉逃漏稅捐或其他違反稅法規定之情事，經查明屬實，且
　　裁罰確定並收到罰鍰者，稅捐稽徵機關應以收到之罰鍰提成
　　核發獎金與舉發人，並為舉發人保守秘密。

二、檢舉案件有下列情形之一者，不適用前項核發獎金之規定：

　　1. 舉發人為稅務人員。

　　2. 舉發人為執行稅賦查核人員之配偶或三親等以內親屬。

　　3. 公務員依法執行職務發現而為舉發。

　　4. 經前三款人員告知或提供資料而為舉發。

　　5. 參與該逃漏稅捐或其他違反稅法規定之行為。

三、第1項檢舉獎金，應以每案罰鍰20%，最高額新臺幣480萬
　　元為限。

四、中華民國110年11月30日修正之本條文施行時，舉發人依
　　其他法規檢舉逃漏稅捐或其他違反稅法規定之情事，經稅捐
　　稽徵機關以資格不符否准核發檢舉獎金尚未確定之案件，適
　　用第2項規定。

第九章

工程受益費

工程受益費之意義

一、土地法第 147 條規定，「土地及其改良物，除依本法規定外，不得用任何名目征收或附加稅款。但因建築道路、堤防、溝渠、或其他土地改良之水陸工程，所需費用，得依法征收工程受益費。」

二、工程受益費是各級政府為推行建設，提高土地使用或便利交通而興建或改善之公共工程，以稅捐機關及交通管理機關為經徵之機關，就直接受益之公私有土地、建築改良物、車輛、船舶等所有人徵收之費用。

課徵對象（範圍）及徵收數額（工 2）

一、各級政府於該管區域內，因推行都市建設，提高土地使用，便利交通或防止天然災害，而建築或改善道路、橋樑、溝渠、港口、碼頭、水庫、堤防、疏濬水道及其他水陸等工程，應就直接受益之公私有土地及其改良物，徵收工程受益費；其無直接受益之土地者，就使用該項工程設施之車輛、船舶徵收之。

二、前項工程受益費之徵收數額，最高不得超過該項工程實際所需費用 80%。但就車輛、船舶徵收者，得按全額徵收之。其為水庫、堤防、疏濬水道等工程之徵收最低限額，由各級政府視實際情形定之。

工程費用之範圍（工3）

一、所稱工程實際所需費用，包括下列各種費用：

    1. 工程興建費。

    2. 工程用地之徵購費及公地地價。

    3. 地上物拆遷補償費。

    4. 工程管理費。

    5. 借款之利息負擔。

二、前項第2款之公地地價，以各該公地管理機關抵繳同一工程應繳納之工程受益費數額為限。

工程之辦理機關（工4）

第2條之各項工程，除下列各款外，由該管直轄市或縣（市）政府辦理：

一、規模龐大，非直轄市或縣（市）財力、人力、物力所能舉辦者，得由中央辦理。

二、跨越二縣（市）以上行政區域之工程，由各該縣（市）政府共同辦理。

三、跨越直轄市與縣（市）行政區域之工程，得由中央統籌辦理，或由各該直轄市、縣（市）政府共同辦理。

徵收之程序及數額

一、各級地方政府徵收工程受益費，應擬具徵收計畫書，包括工程計畫、經費預算、受益範圍及徵收費率等，送經各該級民意機關決議後，報請中央主管機關備查。如係長期辦理之工程，應先將分期、分年之工程計畫，依照上開規定，先行送經民意機關決議，報請中央主管機關核備後，據以編列年度預算或特別預算辦理。中央舉辦之工程，應由主辦工程機關循收支預算程序辦理。（工5Ⅰ）

二、各級地方民意機關對於工程受益費徵收計畫書，應連同該工程經費收支預算一併審定；如工程受益費徵收案予以延擱或否決，該工程經費收支預算應併同延緩或註銷。（工5Ⅱ）

三、工程受益費以徵足原定數額爲限。（工5Ⅲ）

四、車輛、船舶之徵收：

　1. 就車輛、船舶徵收受益費之工程，而有繼續維持保養、改善必要者，經各該級民意機關決議，並完成收支預算程序後，得徵收之。（工5Ⅲ）

　2. 就車輛、船舶徵收受益費之工程，應於開徵前30日將工程名稱、施工範圍、經費預算、工程受益費徵收標準及數額公告之。（工6Ⅰ）

五、土地及其改良物之徵收：（工6）

　1. 就土地及其改良物徵收受益費之工程，主辦工程機關應於開工前30日內，將工程名稱、施工範圍、經費預算、

工程受益費徵收標準及數額暨受益範圍內之土地地段、地號繪圖公告 30 日，並於公告後 3 個月內，將受益土地之面積、負擔之單價暨該筆土地負擔工程受益費數額，連同該項工程受益費簡要說明，依第 8 條第 2 項規定以書面通知各受益人。

2. 就土地及其改良物徵收之工程受益費，於各該工程開工之日起，至完工後 1 年內開徵。

3. 受益範圍內之土地及其改良物公告後之移轉，除因繼承者外，應由買受人出具承諾書，願依照規定繳納未到期之工程受益費，或先將工程受益費全部繳清，始得辦理移轉登記；經查封拍賣者亦同。

附 註

工程受益費徵收條例第 8 條第 2 項

　　工程受益費向公告徵收時之土地所有權人徵收之；其設有典權者，向典權人徵收；放領之公地，向其承領人徵收。所有權人或典權人未自行使用之不動產，經催徵而不繳納者，得責由承租人或使用人扣繳或墊繳之。

徵收之時期及方法（工7）

一、工程受益費之徵收，得一次或分期爲之；其就車輛、船舶徵收者，得計次徵收。

二、各級政府如因財政困難，無力墊付工程費用者，得於完成第5條第1項所規定之程序後，先行開徵，或以應徵之工程受益費爲擔保，向金融機構借款辦理。

徵收之標準

　　工程受益費之徵收標準，按土地受益之程度或車輛、船舶之等級，擬定徵收費率。（工8Ⅰ）

徵收之繳納義務人

一、工程受益費向公告徵收時之土地所有權人徵收之；其設有典權者，向典權人徵收；放領之公地，向其承領人徵收。所有權人或典權人未自行使用之不動產，經催徵而不繳納者，得責由承租人或使用人扣繳或墊繳之。（工8Ⅱ）

二、土地及其改良物不屬同一人者，其應徵之工程受益費，由土地所有權人及土地改良物所有權人分擔；其分擔比率，由辦理工程之各級政府定之。（工9Ⅰ）

三、前項土地改良物在未繳清全部受益費以前，如因土地租賃期限屆滿而予以拆除，由土地所有權人負責繳納未到期之部

分；如係於租賃期間內拆除或改建，由改建人負責繳納之。
（工9Ⅱ）

四、以車輛、船舶為徵收標的之工程受益費，向使用之車輛或船
舶徵收之。（工10）

工程受益費之計算

不同性質之工程，其工程受益費應予分別徵收；同性質之工
程有重複受益時，僅就其受益較大者，予以計算徵收。（工12）

經徵之機關

工程受益費之徵收，以土地及其改良物為徵收標的者，以稅
捐稽徵機關為經徵機關；以車輛或船舶為徵收標的者，以交通管
理機關為經徵機關。（工13）

免徵之範圍（對象）

一、下列各款之土地及其改良物、車輛、船舶，免徵工程受益
費。（工14）

　　1. 非營業性或依都市計畫法規定保留之公共設施用地及其
　　　　改良物。

　　　　⑴所稱非營業性之公共設施用地及其改良物，指道路、
　　　　　鐵路基地、公園、綠地、機關用地、廣場、停車場

所、體育場、集會場、警所、消防及防空設施、公立
學校、公立醫院、診所、污水處理廠、公立殯葬設
施、河道、上下水道、灌溉渠道、完成財團法人登記
之私立學校、兒童及少年福利機構、老人福利機構、
身心障礙福利機構及社會救助機構、各該管機關認定
之現有巷道及其他報經內政部核定之公共設施。前項
各種公共設施用地及其改良物，應以所有並供公眾使
用者為限。（工細 81）

⑵所稱依都市計畫法規定保留之公共設施用地及其改良
物，係指當地地方政府依法報經核定發布實施之都市
計畫所訂定保留之公共設施用地及其改良物。（工細
82）

2.駐軍兵營、要塞、軍用機場、軍用基地及其改良物。
所稱駐軍兵營等，係指國軍所屬各機關及部隊駐在場
所，且產權係屬公有，並由國防部依有關法令編定者為
準。（工細 83）

3.軍用港口、碼頭、船舶、戰備及訓練車輛。
⑴所稱軍用船舶、戰備及訓練車輛，以國軍編裝者為
限。（工細 84）
⑵為避免緊急危難或於公務上、業務上有特別義務而通
行之車輛、船舶得免徵工程受益費。（工細 85）

二、土地及其改良物於公告徵收工程受益費後，因政府依法變更
使用而合於本條例第 14 條規定者，自變更之日起應予免徵

工程受益費。（工細 80）

三、土地及其改良物於公告徵收工程受益費 1 年內，因政府機關依法規定變更用途，原為免徵原因消失者其免徵費額應予補徵。（工細 90）

滯納之處分（不依限繳納之處罰）

土地及其改良物之受益人不依規定期限繳納工程受益費者，自期限屆滿之次日起，每逾 3 日應按納費額加徵滯納金 1%；逾期超過 1 個月，經催繳而仍不繳納者，除加徵滯納金 10% 外，應由經徵機關移送法院強制執行。（工 15）

工程受益費之行政救濟

受益人對應納之工程受益費有異議時，應於收到繳納通知後，按照通知單所列數額及規定期限，先行繳納二分之一款項，申請復查；對復查之核定仍有不服，得依法提起訴願及行政訴訟。經訴願、再訴願、行政訴訟程序確定應繳納之工程受益費數額高於已繳數額時，應予補足；低於已繳數額時，其溢繳部分應予退還，並均按銀行定期存款利率加計利息。（工 16）

工程受益費緩徵之範圍

一、禁建區

禁建區內之工程受益費得申請緩徵，於禁建解除後由主辦禁

建機關以解除禁建公文副本函送經徵機關補徵之。

　　但自該項工程受益費開徵之日起，滿 5 年仍未解除禁建者，不得再行補徵，該項工程受益費應予註銷。（工細 86）

二、農業區及保護區

　　市區道路工程之受益線及受益面為都市計畫農業區或保護區者，得申請緩徵工程受益費，於都市計畫分區使用變更後由主辦都市計畫單位以都市計畫變更副本函送經徵機關補徵之。但自該項工程受益費開徵之日起，滿 5 年仍未變更為其他使用分區者，不得再行補徵，該項工程受益費應予註銷。（工細 87）

三、被政府徵收之剩餘畸零土地

　　土地被政府徵收到剩餘面積依建築法規定不能單獨建築使用時，其工程受益費得申請暫緩徵收，俟與鄰地合併使用時由主管建築機關通知經徵機關補徵之。（工細 88）

四、受益土地遇到嚴重災害

　　受益土地遇有嚴重災害，經核定減免賦稅者，當期之工程受益費得申請緩徵，按徵收期別年限遞延之。但土地流失滿 5 年尚未浮復，該項工程受益費應予註銷。（工細 89）

巷道用地工程受益費之徵免

　　登記有案，其地目為「道」之私設巷道，可免徵工程受益費，惟公告徵收工程受益費時，實際上已供巷道使用之私設巷

道，但其地目登記非「道」者，應先依法案變更地目為「道」完成登記程序後，方得比照公告徵收時登記有案，其地目為「道」之私設巷道予以免徵工程受益費，故變更前應繳納之受益費仍應徵收。（工14、工細81、內政部（72）台內營字第150996號函）

欠繳工程受益費之不動產移轉或經法拍之限制

除因繼承者外，應由買受人出具承諾書，願依照規定繳納未到期之工程受益費，或先將工程受益費全部繳清，始得辦理移轉登記；經查封拍賣者亦同。（工6Ⅲ）

工程受益費之更正與復查

一、工程受益費繳納義務人收到繳納通知單後，如有下列事項申請更正者，免予先行繳納本條例第16條規定之二分之一款項：（工細61）

　　1. 單價與面積乘積，與應繳納費額不符者。

　　2. 繳納義務人姓名錯誤者。

　　3. 徵收標的，已於公告徵收前出售，並已辦妥登記有案者。

　　4. 產權共有，未依持分徵收者。

　　5. 土地與其改良物不屬同一人所有而未分別計徵，經土地所有權人提供改良物資料申請者。

　　6. 徵收標的，確非繳納通知單所列之義務人所有者。

二、繳納義務人對應繳納之工程受益費有異議申請復查者，應於

收到繳納通知後，按照通知單所列數額及規定期限，先行繳納二分之一款項，申請復查，逾期不予受理。（工 16、工細 63 Ⅰ）

土地與改良物如果不屬同一人所有之分攤原則

土地與改良物不屬同一人所有者，其工程受益費由土地所有權人及改良物所有權人按土地及改良物之完稅價值比例分攤為原則。（工 9 Ⅰ、工細 58）

國家圖書館出版品預行編目資料

輕鬆看土地稅法規／陳坤涵編著.--四
版--.--臺北市：書泉出版社,2022.05
面；　公分--(小市民法律大作戰；21)
ISBN 978-986-451-259-1（平裝）

1.CST：土地稅　2.CST：稅法

567.24023　　　　　　111002664

3U09 小市民法律大作戰 021

輕鬆看土地稅法規

作　　　者 — 陳坤涵（269.1）

發 行 人 — 楊榮川

總 經 理 — 楊士清

總 編 輯 — 楊秀麗

副總編輯 — 劉靜芬

責任編輯 — 黃郁婷

封面設計 — 王麗娟

出 版 者 — 書泉出版社

地　　　址：106台北市大安區和平東路二段339號4樓

電　　　話：(02)2705-5066　傳　　真：(02)2706-6100

網　　　址：https://www.wunan.com.tw

電子郵件：shuchuan@shuchuan.com.tw

劃撥帳號：01303853

戶　　　名：書泉出版社

總 經 銷：貿騰發賣股份有限公司

電　　　話：(02)8227-5988　傳　　真：(02)8227-5989

網　　　址：www.namode.com

法律顧問　林勝安律師事務所　林勝安律師

出版日期　2008年11月初版一刷
　　　　　2012年 8 月二版一刷
　　　　　2018年 7 月三版一刷
　　　　　2022年 5 月四版一刷

定　　　價　新臺幣350元

經典永恆·名著常在

五十週年的獻禮 —— 經典名著文庫

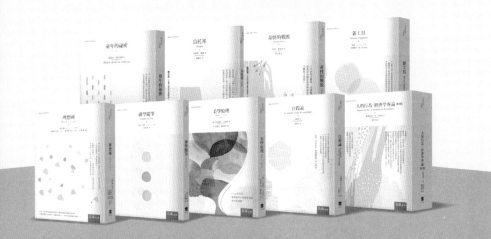

五南，五十年了，半個世紀，人生旅程的一大半，走過來了。

思索著，邁向百年的未來歷程，能為知識界、文化學術界作些什麼？

在速食文化的生態下，有什麼值得讓人雋永品味的？

歷代經典·當今名著，經過時間的洗禮，千錘百鍊，流傳至今，光芒耀人；

不僅使我們能領悟前人的智慧，同時也增深加廣我們思考的深度與視野。

我們決心投入巨資，有計畫的系統梳選，成立「經典名著文庫」，

希望收入古今中外思想性的、充滿睿智與獨見的經典、名著。

這是一項理想性的、永續性的巨大出版工程。

不在意讀者的眾寡，只考慮它的學術價值，力求完整展現先哲思想的軌跡；

為知識界開啟一片智慧之窗，營造一座百花綻放的世界文明公園，

任君遨遊、取菁吸蜜、嘉惠學子！